Lothar Schnabel   Walter E. Keller

(RAD-)WANDERN

am »Kanal« zwischen Bamberg und Kelheim

Ludwig-Donau-Main-Kanal
Rhein-Main-Donau-Kanal

W0089719

111/538

Verlag Walter E. Keller

Lothar Schnabel, Bibliothekar i. R. aus Nürnberg, beschäftigt sich seit Jahrzehnten mit der Kanalthematik. Er hat den Ludwig-Donau-Main-Kanal von Bamberg bis Kelheim erwandert und mit dem Fahrrad abgefahren sowie den Bau des neuen Main-Donau-Kanals verfolgt. Er hat alles schriftliche Material gesichtet, das über den Kanalbau in Bayern erschienen ist.

Walter E. Keller, Journalist, Sachbuchautor und Verleger in Treuchtlingen, hat die redaktionelle Bearbeitung besorgt. Er hat zahlreiche Standardwerke über den Naturpark Altmühltal und das Fränkische Seenland herausgebracht. Besonders erfolgreich sind die Titel aus der Serie der Gelben Taschenbuchführer.

Die Deutsche Bibliothek - CIP-Einheitsaufnahme

Schnabel, Lothar:
(Rad-)Wandern am „Kanal" zwischen Bamberg und Kelheim :
Ludwig-Donau-Main-Kanal, Rhein-Main-Donau-Kanal /
Lothar Schnabel ; Walter E. Keller. - Treuchtlingen : Keller, 1989
   (Reihe gelbe Taschenbuch-Führer)
   ISBN 3-924828-27-X
NE: Keller, Walter E.:

3. überarbeitete Auflage 1993

© 1993, Verlag Walter E. Keller, Treuchtlingen
Alle Rechte der Vervielfältigung und Verbreitung einschließlich Film, Funk und Fernsehen sowie der Fotokopie, der elektronischen Speicherung und der auszugsweisen Veröffentlichung vorbehalten
Abbildungsnachweis: Keller, Löffler, Schnabel, Stadtgeschichtliche Museen der Stadt Nürnberg, Wasserwirtschaftsamt Nürnberg
Lithos: e+r Repro GmbH, Donauwörth
Druck: W. Lühker GmbH, Weißenburg
Printed in Germany - 7. - 9. Tausend

Gedruckt auf Recycling-Papier und -Karton

Inhalt

(RAD-)WANDERN AM KANAL

Seit fast einem halben Jahrhundert verkehren auf dem Ludwig-Donau-Main Kanal keine Schiffe mehr. Manche alten Nürnberger und Fürther denken wohl mit Wehmut an die Zeit zurück, als sie mit dem „Schlagrahmdampfer" von der Stadtgrenze Nürnberg-Fürth nach Kronach (bei Ronhof) fahren konnten. Sie machten ihren Sonntagsspaziergang dorthin, setzten sich in den Wirtsgarten, tranken ein Kännchen Kaffee und aßen Kuchen dazu. Das kostete zusammen 60 bis 70 Pfennige — und dafür gab es noch einen Freifahrschein fürs Schiff im Wert von 20 Pfennigen. Nach gemütlicher Unterhaltung ging es dann mit einem der drei Motorschiffe, die Karl, Antonie und Hansi hießen, zurück zur Stadtgrenze.

Weiter am Kanal entlang in Richtung Erlangen wanderten nur wenige. Die Wasserstraße verlief abwechslungslos, fast geradlinig bis nach Bamberg, sie war kaum noch von Wald gesäumt — Spaziergänger und Wanderer fanden das zu eintönig.

Ganz anders verhielt es sich im Süden von Nürnberg. Mit der Straßenbahn fuhr man bis zum Haupteingang des Südfriedhofs. Nach einigen Häuserzeilen war schon der Wald erreicht und bald eine nahe Kanalbrücke. Am Kanal entlang ging es bis Worzeldorf. Dort lockte eine große Gastwirtschaft, die heute noch besteht. Sie versorgte die Sonntagnachmittags-Spaziergänger mit Kaffee und Kuchen. Wegen mehrerer Schleusen auf diesem Kanalabschnitt verkehrte hier kein Personenschiff — das wäre zu teuer geworden. Den Kanal begleiteten auf der gesamten Strecke schattenspendende Bäume, so daß man auch an Sonnentagen nicht der großen Hitze ausgesetzt war.

Manche wanderten in Richtung Wendelstein weiter; von dort aus fuhr die Eisenbahn, wenn auch umständlich, über Feucht nach Nürnberg zurück. Noch weiter, bis zum Bahnhof Burgthann oder gar bis Neumarkt, zog es jedoch kaum jemanden.

Im vorliegenden Führer wird die Gesamtstrecke zwischen Nürnberg und Neumarkt i. d. OPf. besonders ausführlich beschrieben. Eine Weiterwanderung lohnt sich nämlich durchaus —

ebenso wie es die Strecke Richtung Bamberg zu entdecken gilt. Nicht zuletzt werden die vielen Wege entlang des neuen Main-Donau-Kanals zwischen Bamberg und Kelheim sowie die Verbindungswege von Nürnberg in den Naturpark Altmühltal und das Fränkische Seenland dargestellt. Nicht nur die Wegverläufe werden beschrieben; es wird auch geschildert, was es zu beiden Seiten des Kanals an Orten, Natur- und Geschichtsdenkmälern zu sehen gibt.

Der Ludwig-Donau-Main-Kanal und seine Uferbereiche bieten einer vielfältigen Pflanzenwelt weitgehend ungestörten Lebensraum, darunter auch einer Reihe geschützter und gefährdeter Arten in den heute so raren Feuchtbiotopen. Daher sollte man die Kanalwege nach Möglichkeit nicht verlassen, um Fauna und Flora zu schonen. Auch die Pflegemaßnahmen der Wasserwirtschaftsämter dienen diesem Ziel.

Zusätzlich zu diesem Taschenbuch empfiehlt sich die Verwendung von Karten: Fritsch Nr. 75 „Nürnberg" und Nr. 66 „Bamberg—Forchheim", beide 1 : 50 000; „Wandern im Landkreis Roth" 1 : 50 000 und „Radwandern Landkreis Roth" 1 : 100 000; „Naturpark Altmühltal—Mittlerer und östlicher Teil" 1 : 50 000; die Landkreiskarte Neumarkt i. d. OPf. mit Radwandervorschlägen 1 : 100 000; Beron + Schrenk, „Neues Fränkisches Seenland", 1 : 25 000.

Der Verkehrsverbund Großraum Nürnberg (VGN) bietet preisgünstige Streifenkarten bzw. Familien-Tageskarten an. Er erstreckt sich außer auf U-, S- und Straßenbahn sowie Busse im Bereich Nürnberg-Fürth-Erlangen auf die Bahnstrecken, die im Text mit „R" bezeichnet sind (z.B. nach Norden bis Eggolsheim, nach Süden bis Treuchtlingen, nach Südosten bis Neumarkt).

Die Mitnahme von Fahrrädern ist im Gepäckwagen der Züge möglich, die im Fahrplan mit einem Fahrradsymbol gekennzeichnet sind. Einzelne Fahrräder finden außerhalb des Berufsverkehrs in den Einstiegsräumen Platz. Sofern man keine Tageskarte gelöst hat, die die Mitnahme eines Fahrrades für jeden Fahrtberechtigten enthält, muß man für das Fahrrad im VGN eine „Einfahrtenkarte Kind" — Preisstufe 2 für zwei Tarifzonen, Preisstufe 8 für alle anderen — lösen.

KURZE GESCHICHTE DES KANALBAUS ZWISCHEN MAIN UND DONAU

Eine Verbindung zwischen dem Main und der Donau durch Wasserwege erschien bereits Karl dem Großen im 8. Jahrhundert wünschenswert. Er ließ daher zwischen der Altmühl und der Schwäbischen Rezat einen Kanal graben. Die Überreste dieser „Fossa Carolina" — Dämme und ein kurzes Stück des breiten Verbindungsgrabens — sind noch heute beim Dorf Graben nahe Treuchtlingen zu besichtigen. Diese großartige Ingenieurleistung des Mittelalters gelangte nicht zum Ziel; während der Bauzeit verhinderten ungünstige geologische Bedingungen und kriegerische Auseinandersetzungen an den Grenzen des Frankenreiches die Fertigstellung. Es ist jedoch durchaus wahrscheinlich, daß dennoch eine Verbindung der Flußsysteme im Bereich der europäischen Talwasserscheide bestand.

Erst viele Jahrhunderte später, 1656 schlug ein Friedrich Wasserberg aus Emmerich am Niederrhein den Nürnberger Kaufleuten und dem Bischof von Eichstätt Kaiser Karls Projekt erneut vor. So kurz nach dem Dreißigjährigen Krieg hatte jedoch niemand Geld für ein solch kostspieliges Unternehmen mit letztlich ungewissem Ausgang.

Nachdem im 18. Jahrhundert in Frankreich, England und in den Niederlanden große Kanäle gebaut wurden, kam auch eine Wasserstraßen-Verbindung zwischen dem Main und der Donau wieder zur Sprache. In zahlreichen kleineren Schriften wurde dieser Gedanke befürwortet. Zu Beginn des 19. Jahrhunderts wurde die Idee Karls des Großen von verschiedensten Seiten wieder aufgegriffen.

1825 starb Max I. Joseph, der erste König von Bayern. Sein Sohn und Nachfolger König Ludwig I. entschied sich nach längerem Überlegen sowohl für eine Kanalverbindung beider Flußsysteme wie auch für den Bau von Eisenbahnstrecken.

Zum Bau eines Main-Donau-Kanals wurde der 1830 fertiggestellte Entwurf des Planers und leitenden Baumeisters Heinrich von Pechmann favorisiert. Er beschrieb damals den Kanal so, wie er auch später zum größten Teil ausgeführt wurde.

Die Wasserstraße sollte mit fast 16 Metern Breite und 1,5 Meter Tiefe größere Abmessungen erhalten als damals bestehende Kanäle. Karl Friedrich von Wiebeking, der berufliche Vorgänger von Pechmanns, hatte in seinen jüngeren Jahren in den Niederlanden Kanäle gebaut und ein Buch mit dem Titel „Wasserbaukunst" verfaßt. Er kritisierte Pechmanns Kanalplan und legte einen Gegenentwurf vor. Darin verwarf er beispielsweise die „zu großen" Abmessungen des Kanals.

Ursprünglich waren 87 Schleusen im eigentlichen Kanalverlauf und sieben weitere im unteren Altmühltal geplant. Der fertige Ludwig-Donau-Main-Kanal hatte dann auf seiner „47 Stunden" langen Strecke von gut 177 Kilometern im ganzen 100 Schleusen zu bewältigen. Er steigt von Bamberg, das 230 Meter hoch liegt, bis zu seiner 24 Kilometer langen Scheitelhaltung zwischen Burgthann und Neumarkt-Sengenthal über 67 Schleusen insgesamt 186,8 Meter höher. Er hat dann 417 Meter Höhe über NN erreicht. Danach fällt die Trasse bis Kelheim wieder um 79,2 Meter ab und mündet bei 338 Metern Höhe in die Donau. Für die 100 Schleusen gab es nur 66 Kanalhäuser mit 55 Schleusenwärtern. Ferner bestanden acht Häfen mit Hafenmeistern, nämlich in Bamberg, Forchheim, Erlangen, Fürth, Nürnberg, Neumarkt, Beilngries und Kelheim.

Die Schiffe konnten eine Länge von 32,1 Meter haben und 4,47 Meter breit sein. Ihr Tiefgang betrug 1,17 Meter. Ein vollbeladenes Schiff war bis zu 120 Tonnen schwer — für die damalige Zeit ein beachtliches Fassungsvermögen. Die Gebühren für Kanalbenutzung, Schleusen, Lade- und Liegezeiten waren je nach Schiffsgröße verschieden.

Laut der Kanalordnung von 1842, die 116 Paragraphen umfaßte, war es unter anderem untersagt, auf den Treidelpfaden mit Schubkarren zu fahren oder zu reiten. Das Radfahren wurde erst verboten, als es überhaupt gebräuchlich war; teilweise ist es am Kanal erst seit kurzem genehmigt. Der Verfasser benötigte 1963 noch eine schriftliche Sondergenehmigung, um ungestraft die ehemaligen Ziehwege befahren zu dürfen.

Für die Baukosten waren 8,5 Millionen Gulden veranschlagt. Die tatsächlich benötigte Summe betrug dann mehr als das Doppelte, nämlich 17 433 759 Gulden. Zur Finanzierung des Unternehmens gründete man eine Aktiengesellschaft. 20 000 Aktien zu je 500 Gulden wurden verkauft; sie sollten einen Zins von vier Prozent erbringen.

Das Königreich Bayern erwarb 5000 Aktien im Werte von 2,5 Millionen Gulden. Der Rest wurde an private Käufer in ganz Europa vergeben. Reiche Engländer kauften 7522 Aktien. Als dann der Kanal mehr als das Doppelte der veranschlagten Summe kostete, mußten das Königreich Bayern bzw. die Steuerzahler für die Mehrkosten aufkommen.

Die erste Sitzung der neuen Aktiengesellschaft fand im Gartensaal des Bankiers Baron von Rothschild in Frankfurt am Main am 31. Mai 1836 statt. Rothschild war damals königlich bayerischer Konsul. Dabei beschloß man auch, den Kanal nach Seiner Majestät, dem bayerischen König, Ludwig-Donau-Main-Kanal zu nennen. Der erfreute König gestattete es gern.

Anders als heute war der damalige Kanalbau vor allem „Handarbeit" mit Pickel, Spaten und Schaufel. Außerdem wurde nicht Abschnitt für Abschnitt fertiggestellt, sondern im gesamten Verlauf der geplanten Trasse gleichzeitig zu graben begonnen. 1837 waren 6000 Arbeiter am Kanalbau beschäftigt. Außer den Schleusen und den Kanalhäusern mußten 117 Brücken, 709 Dämme und 60 Einschnitte gebaut werden. Ein Taglöhner bekam täglich 30 Kreuzer, ein Fuhrmann, der Pferd und Wagen zur Verfügung stellte, 2 Gulden 2 Kreuzer. Zum Vergleich: Die Maß Bier kostete damals 4 Kreuzer, ein Pfund Roggenbrot 2, ein Pfund Fleisch 15 und ein Pfund Butter über 20 Kreuzer.

Im Juni 1843 war der Kanal zwischen Bamberg und Nürnberg befahrbar, im August des gleichen Jahres auch die Strecke von Kelheim nach Neumarkt. Erst zwei Jahre später, 1845, war auch das bautechnisch schwierige Mittelstück von Nürnberg nach Neumarkt fertig, das heute noch am besten erhalten ist. Am 4. Juni 1846, nach zehnjähriger Bauzeit, wurde der Kanal für den Gesamtverkehr freigegeben. Die jährlich beförderte Gütermenge nahm anfangs stetig zu. 1850 war mit 196 000 Tonnen der

Höchststand erreicht. Danach nahm die beförderte Fracht rasch ab, vor allem wegen der immer stärker werdenden Konkurrenz der Eisenbahn.

1945 — gegen Ende des Zweiten Weltkriegs — wurden Kanalbrücken wie z.B. die von Kronach bei Fürth gesprengt, um den Vormarsch der Amerikaner aufzuhalten. Nach Kriegsende wollte man zunächst die entstandenen Schäden beheben. 1948 wurden dafür 152 000 Reichsmark bewilligt, 1949 nur noch 80 000 DM. Im November des Jahres 1949 erklärte das bayerische Innenministerium, daß die Instandsetzungskosten etwa eine Million Mark betragen würden — eine zu hohe Summe für die damalige Zeit. Darum ließ das Innenministerium mit Verordnung vom 4. Januar 1950 den Kanal ab sofort auf. Nach 98jähriger Betriebszeit von 1846 bis 1944 war damit die Schiffahrt auf dem Ludwigskanal — dem immerhin viertlängsten Kanal Deutschlands — endgültig eingestellt.

Aber schon im letzten Jahrzehnt des 19. Jahrhunderts begannen die Überlegungen für einen neuen leistungsfähigen Rhein-Main-Donau-Kanal. Von 1922 bis 1962 dauerte der Ausbau des Mains von Aschaffenburg bis Bamberg; zehn Jahre später hatte der „Europa-Kanal" Nürnberg erreicht. Beim letzten Teilabschnitt nach Kelheim paarten sich der hohe technische und finanzielle Aufwand, der zur Überwindung der Wasserscheide notwendig ist, mit wirtschaftspolitischen und ökologischen Bedenken und Beschränkungen. Seit September 1992 ist die europäische Großschiffahrtsstraße durchgängig befahrbar.

Die neue Wasserstraße hat im Normalfall einen trapezförmigen Querschnitt; die Uferböschungen sind nicht steiler als 18 Grad. Der Main-Donau-Kanal ist in der Regel 55 Meter breit und vier Meter tief. Strecken, wo der Wasserspiegel in gleicher Höhe oder höher als die Umgebung liegt, wurden mit Asphaltbeton abgedichtet. Bei Einschnittstrecken wurden die Böschungen durchlässig abgedeckt, zum Beispiel mit Wasserbausteinen auf einem Kunststoffvlies.

Gerade im Naturpark Altmühltal, also im Sulztal, im Ottmaringer Tal und im unteren Altmühltal selbst, läßt der Main-Donau-Kanal eine sehr sorgfältige Einbindung in die Tallandschaft erkennen.

Die Landschaftsplaner haben erhebliche Anstrengungen unternommen, um die breite Wasserstraße in dem engen Tal aus ihrer Geradlinigkeit herauszubrechen. Verwirklicht wird dies durch eine wechselnde Gestaltung der Ufer mit unterschiedlichen Neigungswinkeln der Böschungen, durch Flachwasser- und Schilfzonen. Darüberhinaus blieben einige für den Ludwig-Donau-Main-Kanal ausgebaute Altmühlstrecken und Altwässer erhalten. 10 bis 15 Prozent der Bausumme wurden in diesem Bereich für ökologische Ausgleichsmaßnahmen und Landschaftsgestaltung ausgegeben. Das am 25. September 1992 eröffnete Jahrhundertbauwerk hat die Landschaft verwandelt, ihr aber einen neuen Reiz verliehen. Welche ökologischen Folgen sich durch die Veränderung des Grundwasserspiegels ergeben, wird sich zeigen.

Historische Karte des Ludwig-Donau-Main-Kanals von Nürnberg bis Neumarkt

DER LUDWIG-DONAU-MAIN-KANAL VON NÜRNBERG-GIBITZENHOF BIS NEUMARKT I. D. OPF.

Vorschläge für Wanderer

Die Wanderungen entlang des Ludwig-Donau-Main-Kanals kann man als Spaziergänge, Halb- oder Ganztageswanderungen durchführen. Für einen Kilometer muß man mit etwa 15 Minuten rechnen; man sollte also nicht mehr als vier Kilometer reine Gehzeit in einer Stunde ansetzen. Eine Wanderung entlang des alten Kanals soll man gemächlich angehen. Man wird auch des öfteren verweilen, um Kultur und Natur am Wegesrand und in den nahegelegenen Orten mit Ruhe zu betrachten.

Ausgangspunkt ist in der Beschreibung die Endhaltestelle der Straßenbahnlinie 6 in Nürnberg-Gibitzenhof. Anstatt von dort, kann man auch die Wanderung an der Haltestelle Südfriedhof (Haupteingang), die von der Straßenbahnlinie 8 angefahren wird, beginnen, dadurch verkürzen sich die Wanderungen um zwei Kilometer. Man geht westlich in die Straße An der Schwarzlach, an deren Ende kurz durch die südlich anschließende Pachelbelstraße, um gleich darauf — nach einem Häuserblock — dem Weg zur alten Kanalbrücke nach Maiach zu folgen, die man nach etwa 100 Metern erreicht.

Die Wandervorschläge gehen wie die Streckenbeschreibung von Nürnberg in Richtung Neumarkt i. d. OPf. Natürlich kann man alle Kanalwanderungen auch an den Zielpunkten beginnen und zurücklaufen.

Die landschaftlich besonders reizvolle Strecke von Nürnberg nach Neumarkt i. d. OPf. ist als Zwei-Tages-Wanderung leicht zu bewältigen: Erster Tag Nürnberg—Bahnhof Burgthann, zweiter Tag Bahnhof Burgthann—Neumarkt. In Pfeifferhütte und in Burgthann gibt es Gaststätten mit Übernachtungsmöglichkeiten.

Stahlstiche von Alexander Marx (1845): Der "Große Krahnen" am Nürnberger Hafen und Schleuse bei Forchheim

Fahrtenvorschläge für Radfahrer

Für eine Tour am alten Kanal ist ein robustes Fahrrad vorteilhaft. Da die Wege nur geschottert, oftmals uneben und außerdem schmal sind, ist schnelles Fahren nicht möglich. Ein Rennrad mit dünnen Reifen ist ungünstig, ein Mountain-Bike nicht notwendig, da nur an den Schleusen kurze Steigungen zu bewältigen sind. Mit Kindern unter 10 Jahren auf eigenen Rädern ist wegen der schmalen Wege und der Gefahr, aus Versehen in das Wasser zu fallen, große Vorsicht geboten.

Von Nürnberg nach Worzeldorf

Der Ausgangspunkt für die Strecke von Nürnberg nach Neumarkt ist die Endhaltestelle der Straßenbahnlinie 6 in **Nürnberg-Gibitzenhof**. Vom Hauptbahnhof Nürnberg fahren die U-Bahnlinien 1 und 2 bis zum Plärrer. Hier muß man in die Straßenbahnlinie 6 umsteigen (Fahrzeiten Nürnberg-Hauptbahnhof bis Plärrer 3 Minuten, Plärrer bis Gibitzenhof 12 Minuten).
Die Endstation Dianaplatz liegt neben dem vierspurig ausgebauten „Frankenschnellweg" A 73. Diese Straße verläuft von Forchheim-Süd bis Nürnberg-Gibitzenhof 35 Kilometer weit auf der ehemaligen Trasse des Ludwig-Donau-Main-Kanals.
An diesem Ausgangspunkt für die Kanalwanderung befand sich die Schleuse 75. Von Bamberg bis Gibitzenhof hatte der Kanal also bereits 25 Schleusen überwunden. Gibitzenhof liegt auf 312 Meter Höhe. Jede der südöstlich folgenden Schleusen bis zur Scheitelhaltung bei Burgthann ließ die Schiffe um knapp drei Meter steigen. Die höchste Schleuse 33 erreichte 417 Meter Höhe über NN. Von Gibitzenhof bis zum Scheitelpunkt des Kanals wurde der Höhenunterschied von 105 Metern durch 42 Schleusen überwunden. Die Reste der Schleusenanlagen und des Schleusenwärterhauses in Gibitzenhof wurden beim Bau des Frankenschnellwegs in den sechziger Jahren dieses Jahrhunderts völig abgetragen.

Von der Straßenbahn-Haltestelle geht man nun auf der Diana-straße in südöstliche Richtung und unterquert die große Eisen-bahnbrücke am Westende des Nürnberger Rangierbahnhofs. Hinter der Brücke wandert man weiter in südliche Richtung und verläßt dabei die Minervastraße. Die Tannhäuserstraße führt in eine Grünanlage mit dem einstigen, inzwischen zugefüllten Ka-nalbett in der Mitte. Die ehemaligen Ziehwege (Treidelpfade) auf beiden Seiten des Kanals sind bis zur Straße Finkenbrunn als Fuß- und Radwege angelegt. Nach einer kurzen Wegstrecke kommt man an einen hohen Kilometerstein, den elften am Lud-wigskanal von Kelheim aus gerechnet. Er steht an der Ostseite (links) des alten Kanals. Die hier nur noch schwer lesbaren ein-gemeißelten Angaben haben folgenden Wortlaut: 110 km von Kelheim, 62 km nach Bamberg, 41 km nach Neumarkt, 3 km nach Nürnberg (gemeint ist der ehemalige Hafen Nürnberg zwi-schen der Rothenburger und der Schwabacher Straße). Auf der gesamten Kanalstrecke gab es alle zehn Kilometer einen sol-chen Stein nach altrömischem Vorbild. Jeder einzelne Kilometer war durch einen niedrigen Stein markiert. Auch heute stehen fast alle noch.

Wenig später erreicht man an der ehemaligen Schleuse 74 den ersten kurzen Höhenanstieg auf 314 Meter. In der aufgefüllten Schleusenkammer wurde ein Kinderspielplatz angelegt. Die Mauerreste der Schleuse sind noch vorhanden, an der nord-westlichen Mauer läßt sich die Zahl 74 erkennen. Die jeweiligen Nummern sind an fast allen folgenden Schleusen an der glei-chen Stelle in Stein gehauen.

Schon nach 500 Metern steht man an der ehemaligen Schleuse 73. Das Schleusenwärterhaus — dessen Dach nachträglich er-höht wurde — steht mit der Traufseite zum Kanal. Die vom Münchner Hofarchitekten Leo von Klenze entworfenen Kanal-häuser wenden sonst meist die Giebelseite dem Kanal zu. Diese Gebäude haben sich fast alle erhalten und wurden oft zu be-gehrten Wochenendhäusern.

Man überquert nun an einer Ampel die breite Straße Finken-brunn, die nach einem ehemaligen Flurnamen benannt ist. Die vierspurige Straße dient dem Nürnberg Staatshafen am Main-Donau-Kanal als Zubringer und setzt sich als Hafenstraße fort.

An einem Baum ist eine Wegmarkierungstafel des Fränkischen Alb-Vereins (FAV) angebracht. Der mit Blaustrich markierte Weg führt von hier aus ins 124 km entfernte Dinkelsbühl. Er verläuft bis Kornburg entlang des alten Kanals.

Etwa 80 Meter weiter beginnt der noch wassergefüllte Teil des ehemaligen Ludwig-Donau-Main-Kanals, 15,8 Meter breit und 1,5 Meter tief. Ab hier ist in der Regel der östliche (linke) Kanalweg nur für Fußgänger erlaubt, der westliche (rechte) dagegen auch für Radfahrer. Diese Unterteilung ist sinnvoll, da beide Wege nur etwa einen Meter breit sind.

Östlich des Kanals liegt der Nürnberger Stadtteil **Gartenstadt**. Die ersten Einfamilien-Häuser im nördlichen Siedlungsteil wurden bereits vor 1914 von einer Baugenossenschaft errichtet. Bis dahin gab es ab Gibitzenhof zu beiden Seiten des Kanals nur Wald, in dem die Kiefern überwogen.

Bis Schleuse 72 säumt den Kanal eine Reihe alter Bäume. Man kommt an eine der schönsten Kanalbrücken; sie wurde mit Buckelquadern aus Nürnberger Burgsandstein errichtet. Der Brückenbogen bildet nahezu einen Halbkreis. Da der ehemalige Ziehweg nicht unter der Brücke hindurch, sondern darüber führt, mußte das Ziehseil, an dem die Pferde die Lastschiffe zogen, ausgespannt werden. Die Schiffe fuhren ein kurzes Stück mit dem noch vorhandenen Schub weiter. Nachdem sie die Brücke passiert hatten, konnten die Pferde wieder eingespannt werden. Es gab mindestens vier Brücken dieser Bauart: eine östlich, die andere nordöstlich von Fürth bei Steinach; beide wurden beim Bau des Frankenschnellwegs abgerissen. Die gleichartige Brücke bei Gugelhammer nahe Röthenbach bei St. Wolfgang besteht noch sowie die hier erwähnte westlich Nürnberg-Gartenstadt.

Bei Schleuse 72 — mit einem im ursprünglichen Zustand erhaltenen Kanalhaus — läßt anstelle der Schleusentore an der Bergseite eine Betonmauer das Wasser über eine kleine Vertiefung in der Mitte abfließen. Der alte Ludwigskanal wird noch immer — besonders im Verlauf der Scheitelhaltung — durch die eingeleiteten Bäche der Umgebung mit Wasser gespeist. Daher ist er kein stehendes Gewässer; die Fließrichtung des Wassers ist aber kaum erkennbar.

Etwa 1,2 Kilometer weiter wurde der alte Kanal durch die Nürnberg Südwesttangente A 73 mit ihrer Anschlußstelle Nürnberg-Königshof völlig überbaut bzw. eingeebnet. Allerdings vergaß man hier die Kanalwanderer nicht: Sie können auf einem asphaltierten Weg zur Saarbrückener Straße/Marthweg hinaufgehen und auf ihr die Schnellstraße A 73 überqueren. An der Südseite führt ein Weg wieder hinunter zum Ludwigskanal. Hier findet man Reste der Schleuse 71 sowie einen − auch im Winter − täglich geöffneten Imbißkiosk nahe der Kleingarten-Kolonie **Königshof**.

Weiter geht es durch einen Mischwald aus Kiefern, Birken und Eichen, den Eibacher Forst. Zu beiden Seiten des Kanalbetts wurde der Erdaushub aufgeschüttet; längst ist er mit Bäumen bewachsen. Bald ist die Schleuse 70 erreicht; auch hier ist das Schleusenwärterhaus im ursprünglichen Zustand gut erhalten.

Von Südosten her fließt ein wasserreiches Bächlein, der Ottergraben, dem Kanal zu. Er entspringt nördlich von Wendelstein und vereint sich mit dem Schnackenbach. Schließlich mündet der Bach bei der Gerasmühle in die Rednitz. Er wird deshalb hier so ausführlich erwähnt, weil er südlich der Schleuse 70 unter dem Kanal hindurchgeleitet wurde. Die gesamte Wasserzufuhr dieses Baches wäre für den Kanal anscheinend zu viel gewesen, auf eine Wassermenge von bis zu zehn Litern in der Sekunde wollte man aber nicht verzichten. So wurde östlich der Schleuse 70 ein Graben ausgehoben und mit einer Absperrvorrichtung versehen; bei Trockenheit konnte ein Teil des Wassers in den Kanal geleitet werden. Südlich des Schleusenhauses überquert eine der ältesten Hochspannungsleitungen in der Nürnberger Umgebung − sie ist über 60 Jahre alt − den Kanal.

An der Westseite des Kanals vernichtete vor Jahren ein Wirbelsturm viele Bäume; hier wurde neu aufgeforstet. Am Rand des Kanals wurden widerstandsfähige und langlebige Vogelbeerbäume angepflanzt.

Schleuse 69 folgt etwa 900 Meter hinter Schleuse 70. Sie besaß kein eigenes Kanalhaus. Die Schleusenwärter mußten bei kurzen Abständen zwischen den Schleusen immer zwei bis drei von ihnen bedienen. Hier war das noch die Schleuse 68, die man bei den ersten Häusern von **Worzeldorf** erreicht.

Während das Schleusenwärterhaus so umgestaltet ist, daß man es als solches kaum mehr erkennt, erhielt die Schleuse nördlich des Worzeldorfer Hafens vom Wasserwirtschaftsamt Nürnberg neue, genau rekonstruierte Schleusentore als anschauliches Beispiel für den alten Kanal. Deshalb soll hier die Funktion der Schleusen und das einstige Durchschleusen der Schiffe im „Handbetrieb" näher beschrieben werden:

Das Schleusentor — zwei Torflügel aus dickstämmigem Eichenholz — konnte vom Schleusenwärter auf einem breiten Brett, das mit einem Geländer versehen war, überquert werden. An fast allen Schleusen befindet sich auch ein Fußgängersteg aus Holz und Eisen, manchmal auch eine sandsteingemauerte Wegbrücke. Im unteren Bereich des Schleusentors war ein eiserner Schieber angebracht, den der Schleusenwärter durch das Hochkurbeln einer Zahnstange öffnete. Das Wasser konnte nun von der Bergseite in die Schleusenkammer fließen. An der Talseite mußte der Schieber dabei geschlossen sein. So stieg das Wasser in der Schleusenkammer an, bis es die gleiche Höhe mit der Bergseite erreicht hatte. Dann konnte das Schleusentor mit einem Eisenhaken leicht aufgezogen werden — der Wasserdruck war ja ausgeglichen. Sollte der Wasserstand gesenkt werden, mußte das obere Schleusentor geschlossen sein; die Schieber des Taltors wurden aufgekurbelt. Das Wasser floß nun aus der Schleusenkammer in die tiefer gelegene Haltung. Auch hier konnten bei gleichem Wasserstand die Tore geöffnet werden. Ein Schleusentor mußte also immer mit heruntergelassenem Schieber geschlossen sein. Da es noch keine Spar-Ausgleichsbecken gab, war der Wasserverbrauch sehr hoch. Bei starkem Schiffsverkehr hätten sich Schwierigkeiten mit der Wasserzufuhr ergeben können.

Der Ludwigskanal war meisterhaft geplant und ausgeführt. Ernsthafte Schwierigkeiten gab es nach der Inbetriebnahme kaum. In England, Irland, Frankreich und den Niederlanden werden Kanäle gleich einfacher Bauart auch heute noch benutzt.

Worzeldorf und seine Bedeutung für den Ludwig-Donau-Main-Kanal

Der kleine Ort **Worzeldorf** erlangte durch den Kanalbau eine hohe wirtschaftliche Bedeutung. 1550 zählte das Bauerndorf „11 Herdstellen", 1796 lebten dort 300 Einwohner. Nach 1945 entstanden sehr viele Einfamilienhäuser in und um Worzeldorf. Bis 1972 gehörte der Ort zum Landkreis Schwabach und wurde dann in die Stadt Nürnberg eingemeindet.

Am 15. Mai 1843 fuhr das erste festlich geschmückte Kanalschiff durch Worzeldorf. Damals ahnte niemand, daß Worzeldorf einen Kanalhafen bekommen würde, der zwischen 1860 und 1910 den höchsten Güterumschlag an der Kanalstrecke verzeichnen sollte. Ende des 19. Jahrhunderts wurden von hier aus jährlich bis zu 12 000 Tonnen Steine nach Nürnberg verfrachtet: Sandstein von den Brüchen zwischen Worzeldorf und Wendelstein und Ziegel aus der Dampfziegelei, die von 1841 bis 1922 nahe des Hafens bestand.

An der Westseite des ehemaligen Worzeldorfer Hafens ist eine Ausbuchtung zu erkennen, die von den Frachtschiffen als Wendestelle benutzt wurde. Die meisten kamen von Nürnberg und fuhren auch wieder dorthin zurück. An der Ostseite des Hafens wurde ein alter Hafenkran mit Handbetrieb aus der Maschinenfabrik und Eisengießerei von I. W. Spaeth neu aufgebaut. Aus dieser ehemaligen Fabrikation stammten alle Hafenkräne und technischen Anlagen aus Eisen am Kanal. Die Firma hatte ihren Sitz am Dutzendteich in Nürnberg. Sie wurde im Krieg teilweise zerstört und danach abgerissen, um Wohnhäusern Platz zu machen.

Die Anhöhen östlich von Worzeldorf und nördlich von Wendelstein bestehen aus dem Oberen Burgsandstein der Mittleren Keuperformation. Aus diesem harten, quarzitreichen Sandstein entstanden bis 1914 viele der Nürnberger Bürgerhäuser. Auch die Pflastersteine von vor 1900 stammen vom Worzeldorfer Berg sowie vom nahen Wendelstein; Granit-Pflastersteine wurden erst danach eingeführt. Die ehemalige Worzeldorfer Ziegelei bezog ihren Lehm aus den Basisletten des Oberen Burgsandsteins. Auch dieser entstand in der Keuperzeit. Die Verschiffung der Steine war die billigste Transportmöglichkeit.

Vom Worzeldorfer Hafen aus verläuft der Kanal in einer leichten Biegung nach Osten. Worzeldorf ist für die Nürnberger ein beliebtes Ziel ihrer Sonntagnachmittags-Spaziergänge. Unmittelbar am Kanal lädt eine große Gastwirtschaft mit Garten ein. Wie schon erwähnt, lohnte sich die Personenschiffahrt zwischen Gibitzenhof und Worzeldorf nicht; sieben Schleusen hätten sie zu umständlich und zu teuer werden lassen. Die Reste der Schleuse 67 liegen an der Spitzwegstraße, die den Verlauf des Kanals unterbricht.

Nürnberg-Gibitzenhof bis Worzeldorf 7 km

Von der Worzeldorfer Hauptstraße fahren die Busse 51 zum Südfriedhof und 52/53 zum U-Bahnhof Bauernfeindstraße.

Zu Fuß und mit dem Rad gelangt man von der Spitzwegstraße nach Norden auf die Schwanstetter Straße. Ab Parkplatz Steinbrüchlein folgt man den Markierungen Grünpunkt und Gelbstrich. Nach Unterquerung der A 73 geht es nach links mit Gelbstrich und dann mit Rotkreuz zur Straßenbahnlinie 8 am Südfriedhof (5 km), nach rechts führt Grünpunkt über Zollhaus zur Liegnitzer Straße und zum U-Bahnhof Langwasser Süd (6 km). In die Innenstadt ist die Strecke über Messezentrum auch als Teil des „Fünf-Flüsse-Radwegs" markiert.

Im Norden von Worzeldorf, zwischen Kanal und Spitzweg-/Schwanstetter Straße, führt ein mit Rotkreuz markierter Weg geradeaus nach Norden über den Knauersberg und trifft am „Steinbrüchlein" auf die oben genannte Route.

Von Worzeldorf nach Wendelstein

Am ehemaligen Kanalhafen Worzeldorf trifft die Markierung „Fünf-Flüsse-Radweg", vom Messezentrum kommend, auf den Ludwigskanal und begleitet ihn bis Neumarkt. Zwischen Worzeldorf und **Wendelstein** beschreibt der Kanal einen weiten Bogen. Die nächsten drei Schleusen folgen wiederum in kurzen Abständen: Schleusen 66, 65 und 64. Nur die Schleusen 66 und 64 verfügen über ein Kanalhaus, beide im alten Zustand gut erhalten. Die Eingangstür mit Rundbogenabschluß nimmt die Mitte der Giebelseite ein, links und rechts von einem profilierten Rundbogenfenster flankiert. Auch an den Traufseiten besitzen die Sandsteingebäude je ein oder zwei Fenster mit Rundbogenabschluß. Die Fenster können mit Läden verschlossen werden, das Dach hat eine Neigung von etwa 38 Grad. Das hier beschriebene „Musterhaus" an der Schleuse 64 gehört heute dem Forstamt Feucht. An der Talseite der Schleuse führt eine Forststraße über eine kleine gewölbte Steinbrücke. Bis Pfeifferhütte ist das häufiger der Fall. Die Treidelpfade auf beiden Kanalufern bleiben unter der Brücke. An deren Nordseite (Fußweg) befindet sich ein Geländer, an der Südseite nicht. Den Radfahrern wird dringend empfohlen abzusteigen, da das Steinpflaster unter der Brücke uneben ist. Man könnte ungewollt mitsamt dem Fahrrad ein unfreiwilliges Bad im Kanal nehmen.
Auf den nächsten fünf Kilometern geht es nun eben dahin. Die Schleuse 63 folgt erst in Röthenbach bei St. Wolfgang. Zunächst überquert die Autobahn Nürnberg-Heilbronn A 6 den Kanal. Ursprünglich gab es hier eine Straßenbrücke mit Sandsteinverkleidung. Inzwischen wurde stattdessen ein Damm aufgeschüttet, der nur mit einem Wasserdurchlaß versehen ist.
Bald gelangt man zum ersten Wassertor im Verlauf dieses Weges. Auf langen Haltungen wurden solche Sperren eingebaut. Sie standen meist offen, konnten bei einem Dammbruch jedoch geschlossen werden, um zu verhindern, daß das gesamte Wasser aus dem Kanal abfloß. Es ist allerdings nicht bekannt, daß zwischen Nürnberg und Neumarkt während der Betriebszeit des Kanals jemals so etwas passiert wäre.

Von Schleuse 64 bis Wendelstein ist die Kanalstrecke landschaftlich sehr schön. Dem Gelände angepaßt, verläuft der Kanal nicht geradlinig durch den Wald, sondern in zwei leichten Kurven. Zu beiden Seiten wächst hoher Kiefernwald, vermischt mit alten knorrigen Eichen. Besonders im Frühjahr, wenn das zarte Grün der Eichenblättchen erscheint und dann wieder im Herbst, wenn goldgelbes Laub die Eichen schmückt, ist es ein besonderer Naturgenuß, hier entlang zu wandern.

Wendelstein und der Ludwig-Donau-Main-Kanal

Die ersten Häuser von **Wendelstein** tauchen aus dem Wald auf. Am Straßendamm — früher eine Straßenbrücke — steht ein Kiosk mit dem Namen „Treidlerhütte". Jenseits der Straße ist der alte Hafen zu erkennen. Er war zugeschüttet und wurde erst 1989 wieder ausgegraben. Wie der in Worzeldorf diente auch er zur Verladung von Steinen nach Nürnberg. Der Hafen war Endstation der Nebenbahn von Feucht nach Wendelstein. Als erste Strecke in Mittelfranken wurde sie wegen Unrentabilität 1955 eingestellt. Auf der Straße gelangt man schneller von Nürnberg nach Wendelstein als mit der Eisenbahn, die den Umweg über Feucht machen mußte. Ursprünglich war eine Bahnstrecke durch das Schwarzachtal bis nach Schwabach geplant. Das Bahnhofsgebäude und ein Lokomotivschuppen sind noch vorhanden und gehören einer Jugendorganisation.
Wendelstein ging aus einem Königsgut hervor. Im Mittelalter wurde es stets als Dorf bezeichnet, obwohl es Marktrechte besaß. 1529 bestand es aus 101 Häusern mit 125 „hausgesessenen Mitbürgern". Davon waren 110 nürnbergische und 115 markgräfliche Untertanen. Wendelstein hatte damals nur fünf Bauernhöfe, jedoch 30 Messermeister, 18 Klingenschmiedemeister, ferner Schleifer, Scheidenmacher und ähnliche Handwerker — eine Industriesiedlung an der Schwarzach. Wegen des großen Waldgebiets besaß der Markt ein Holzgericht und wegen der Steinbrüche ein Berggericht. Heute ist Wendelstein die zweitgrößte Gemeinde im Landkreis Roth.

Die erste Frau von Hans Sachs, Kunigunde Kreutzer, stammte aus einem großen Wendelsteiner Hof. 1519 heirateten sie; aus der Ehe gingen sieben Kinder hervor, die alle vor Hans Sachs starben. Kunigunde Kreutzer lebte bis 1560, der Nürnberger „Schuhmacher und Poet" erreichte ein Alter von 82 Jahren.

Der alte Ortskern Wendelsteins wird von der Schwarzach umflossen. Auf dem höchsten Punkt steht die gotische St.-Georgs-Kirche aus dem 14. Jahrhundert. Als Wehrkirche war sie von der stark befestigten Friedhofsmauer umschlossem. Spätgotisch sind ein Sakramentshäuschen und der sehenswerte Flügelaltar im Innern der Kirche.

Gegenüber der Kirche befand sich der ehemalige Sitz der Herren von Wendelstein. Das jetzige „Schlößchen" mit zwei Ecktürmen stammt aus dem 17. Jahrhundert, gehörte zeitweise zu einer Brauerei und ist heute evangelisches Gemeindehaus. Den Marktplatz säumen Fachwerk- und Sandsteinhäuser mit Giebel- und Mansarddächern — deutlicher Einfluß Nürnberger und markgräflichen Baustils. Das fachwerkverzierte „Heimathaus" von 1775 bietet Räume für Veranstaltungen.

Nicht zu übersehen ist der „Schöne Brunnen" am Markt. Seine Mittelsäule trägt eine Figur mit einem Steinquader. Die Inschrift schreibt den Ursprung Wendelsteins den Wenden zu: „Es kamen die Wenden ins Land. Sie riefen: Hie wend den Stein! Der erste Bau nun wurde benannt hinfort auch Wendelstein." Tatsächlich leitet sich der Ortsname von einem Wendilo ab.

Nürnberg-Gibitzenhof bis Wendelstein 10,5 km

Rückfahrt für Fußwanderer ab ehemaligem Kanalhafen mit der Buslinie 602 (zur Innenstadt oder über Feucht/S 2) oder 651 (zur U 1) möglich.

Als Rückwege bieten sich an: Vom ehemaligen Kanalhafen nach Norden (Markierung Fuchs), im Steinbruchgebiet nach Nordwesten, über die A 6 und weiter über Glasersberg nach Worzeldorf hinunter (4 km), dort ab Worzeldorfer Hauptstraße mit dem Bus zurück;

oder am Glasersberg mit Gelbstrich zum Steinbrüchlein, weiter wie bei Worzeldorf beschrieben zur Straßenbahnlinie 8 am Südfriedhof (8,5 km).

Mit dem Rad wendet man sich ebenfalls beim ehemaligen Hafen nach Norden und dann nach Westen (Markierung Fuchs); jenseits der A 6 gelangt man in südwestlicher Richtung vor Worzeldorf wieder an den Kanal und kann mit ihm nach Nürnberg zurückkehren. Ab der A 6 führt eine schnurgerade Forststraße nach Norden, unter der A 73 zum Zollhaus, von dort zum U-Bahnhof Langwasser Süd (8 km, siehe Worzeldorf).

Von Wendelstein nach Röthenbach bei St. Wolfgang

In den sechziger Jahren wurde von Nürnberg nach Wendelstein und Röthenbach eine neue Straße mit einer Überbrückung der A 73 gebaut. Vom erwähnten ehemaligen Bahnhof Wendelstein nach Osten nutzt diese Straße ein Stück weit etwa die Hälfte des alten Kanalbetts. An der Nordseite der Straße sind seine Reste noch vorhanden. Damals hätte man den alten Kanal am liebsten völlig eingeebnet — es fehlte nur das Geld dazu. Heute könnte das nicht mehr geschehen, weil die Reste des Ludwigskanals als technisches Denkmal unter Schutz stehen und in der Liste der wertvollen Baudenkmäler aufgenommen wurden. Östlich des früheren Bahnhofs tritt der Kanal in seiner alten Breite zutage.

Der Kanal verläuft weiter in östliche Richtung, gesäumt von alten Eichen. Als Damm überquert er die Straße von Nürnberg nach Allersberg. Diese Ortsumgehung von **Röthenbach bei St. Wolfgang** wurde in den siebziger Jahren gebaut, die Kanaltrasse dabei nicht zerstört: Der Kanaldamm ist mit zwei Rundbogen untertunnelt, durch den einen fließt der Verkehr. Wenig später erreicht man die ersten Häuser von Röthenbach bei St. Wolfgang. Ein flacher Betonsteg überquert den Kanal. Zu beiden Seiten stehen Neubauten. Die ebenfalls niedere Straßenbrücke führt an der ehemaligen Schleuse 63 über den Kanal. Früher wurde hier der Gauchsbach-Wasserzubringer mit einer Schüttung von 60 Litern in der Sekunde in den Kanal eingeleitet.

Röthenbach bei St. Wolfgang

Die vier Orte namens **Röthenbach** in der Umgebung Nürnbergs tragen zur Unterscheidung Beinamen. Der Zusatz „bei St. Wolfgang" bezieht sich auf eine frühere Wolfgangs-Kapelle nahe des Schlosses Gugelhammer (siehe dort). Wie Groß- und Kleinschwarzenlohe, Dürrenhembach sowie einer Reihe anderer Orte gehört Röthenbach zur politischen Gemeinde Wendelstein. Röthenbach lag wie Wendelstein an der Südgrenze Nürnberger Gebiets und war daher Grenzstation zur Markgrafschaft Ansbach. Die Nürnberger Zollstätte lag am Nordufer der Schwarzach, die markgräfliche am Südufer (Haus Nr. 29). Erwachsen ist Röthenbach aus zwei im 13. Jahrhundert erwähnten Zeidlergütern. Aufschwung erhielt die Siedlung von der alten Handelsstraße Nürnberg—Regensburg und weiter in das Salzsiede-Gebiet um Reichenhall.

An dieser Salzstraße hatten vier Röthenbacher Anwesen seit alters her die „Tafern-Gerechtigkeit", waren also Gasthöfe, die von Fuhrleuten und Pilgern aufgesucht wurden: Der „Grüne Baum" und der „Löwe" bestehen nicht mehr, aus der „Salzscheibe" wurde der Gasthof Post, der „Rote Ochse" lädt heute als „Goldene Krone" ein. In diesen Tavernen wurden auch angehende Fuhrknechte „gehänselt", das heißt, sie mußten sich einer rauhen Mutprobe unterziehen.

Die spätgotische Kirche wurde Mitte des 15. Jahrhunderts erbaut und im Äußeren kaum verändert. Die Innenausstattung erfuhr 1700 eine Barockisierung. Das schöne Fachwerkhaus neben der Kirche war einst Schul- und Mesnerhaus.

Nürnberg-Gibitzenhof bis Röthenbach bei St. Wolfgang
12,5 km

Von Röthenbach fährt die Buslinie 602 nach Feucht (Bus und S 2 zum Hauptbahnhof Nürnberg).

Ab der Kirche gelangt man auf dem mit Blaukreuz und Blaustrich markierten Weg im Schwarzachtal bis Wendelstein (2 km). Rückwege nach Nürnberg siehe dort.

Von der Kanalbrücke bei Gugelhammer gelangt man auf dem Blaustrich-Weg zur Bahnhof Feucht (3 km).

Als Radfahrer kann man von Röthenbach aus nach Wendelstein fahren und die dort beschriebenen Rückwege nutzen oder vom Bahnhof Feucht mit der S-Bahn-Linie 2 nach Nürnberg zurückkehren. Außerdem beginnt in der Ortsmitte von Röthenbach ein Radweg, der zur Umgehung im Norden führt; unter der A 73 hindurch ein Stück parallel zu ihr Richtung Nordwesten, dann zusammen mit Grünstrich über die A 6 zu einer Kreuzung. Zunächst nach rechts und dann nach Norden folgt man dem Grünpunkt-Weg zum U-Bahnhof Langwasser Süd (6 km).

Am Waldfriedhof in Röthenbach beginnt der Radwanderweg Reichswald—Brombachsee; er überquert an der Kirche den Ludwigskanal und folgt dann der Schwarzach. An der Kirche nach Süden zweigt der Radwanderweg Ludwigskanal—Rothsee ab, der bei Eckersmühlen den Main-Donau-Kanal überschreitet. Dort kann man entweder am neuen Kanal nach Nürnberg zurückkehren oder weiter nach Westen zum Brombach- und Altmühlsee fahren (beide Wege siehe „Radwanderwege in das Fränkische Seenland").

Am Kanal nach Gugelhammer

Auch hinter der Schleuse 63 quert nochmals ein flacher Betonsteg den Kanal. Als nächster Übergang folgt eine alte Steinbogenbrücke, völlig baugleich mit der zu Beginn der Beschreibung geschilderten bei Maiach. Diese solide Brücke stellt die Verbindung von Feucht nach Röthenbach her. Rechts taucht nun das reizvoll gelegene Schlößchen **Gugelhammer** auf.

Schloß Gugelhammer — eigentliche müßte es Kugelhammer geschrieben werden — liegt hoch über dem Gauchsbachtal auf einem Sandsteinfelsen. Über den umgebenden tiefen Graben führte ursprünglich eine Zugbrücke. Der heutige, gut erhaltene Bau wurde 1608 fertiggestellt. Seit dem 14. Jahrhundert bestand hier ein Hammerwerk, in dem eiserne Kugeln angefertigt wurden — eine spätmittelalterliche „Munitionsfabrik", die von einem befestigten Haus geschützt werden mußte.

Unterhalb des Schlosses im Gauchsbachgrund stand wahrscheinlich schon seit etwa 1350 eine Kapelle, dem heiligen Wolfgang geweiht. Sie wurde von Pilgern aufgesucht, die auf dem weiten Weg zum Wolfgangsee in Österreich und dem dortigen Wolfgangsheiligtum waren. Die Kapelle wurde durch ein Hochwasser zerstört. Geblieben ist eine künstliche Höhle im Felsen mit einer Quelle und einer Fischgrube; sie ist jedoch nicht mehr zugänglich. Diese Quelle galt Wallfahrern als heilkräftig gegen Augenentzündungen, Kreuzschmerzen und Rheuma.

Vom Gugelhammer zum Brückkanal

Bei **Gugelhammer** überquert der Kanal auf einer steinernen Trogbrücke den tiefen Taleinschnitt des Gauchsbachs; er mündet unweit von hier in die Schwarzach. Gleich darauf folgt Schleuse 62. Weiter geht es geradeaus durch Wald zur Schleuse 61; sie besitzt ein guterhaltenes Kanalwärterhaus. Auf Dämmen werden die Autobahnen A 73 und A 9 über den Kanal geführt; ursprünglich überspannte die Autobahn München — Berlin auf einer Brücke den alten Kanal. Jetzt sind nur noch Wasserdurchlässe vorhanden. Die folgende Schleuse 60 ist wiederum ohne Kanalhaus.

Der Kanal macht nun eine scharfe Biegung nach Süden über das tief eingeschnittene Schwarzachtal. Nach der ehemaligen Kanalbrücke über die Pegnitz bei Nürnberg-Doos wurde hier die zweite große Überquerung eines Flußtals geschaffen. Dieser „Brückkanal" trägt seinen Namen nach der großen Trogbrücke über den Fluß. Ursprünglich plante man hier eine fünfbogige

Brücke. Doch dieser Entwurf wurde, wahrscheinlich aus Kosten-gründen, nicht ausgeführt. 1839 begann der Bau einer einbogi-gen Brücke; zwei Jahre später war sie fertig. Doch der Unter-grund der mächtigen Brücke war nicht fest genug. Das Bau-werk senkte sich und mußte rasch wieder abgetragen werden. Der Wiederaufbau der Brücke wurde 1844 vollendet. Dadurch hatte sich die Inbetriebnahme des Kanals um ein ganzes Jahr verzögert. Der oberste Bauleiter Heinrich von Pechmann wurde deshalb in den Ruhestand versetzt. Er verfaßte daraufhin eine 36seitige Verteidigungsschrift; sie sorgte für seine Rehabilitie-rung. Schließlich wurde von Pechmann noch das Großkomtur-Kreuz des Zivilordens verliehen.

Die Kanalbrücke über die Schwarzach ist 90 Meter lang und 6,2 Meter breit. Die Bogenhöhe über dem Bachbett beträgt 17 Me-ter. Das Mauerwerk der Brücke ist innen hohl. Darin sollen sich aus dem kalkhaltigen Sickerwasser inzwischen Tropfsteine ge-bildet haben. 1945 mußten Brücke und Unterbau eine unvorher-gesehene Belastungsprobe aushalten, die die „Hundertjährige" gut überstand. Die etwa 100 Meter westlich gelegene Autobahn-brücke über die Schwarzach wurde damals gesprengt. Ihr Schutt staute das Wasser im Schwarzachtal. Dadurch bildete sich ein See, der das Erdreich unter der Kanalbrücke hätte ab-schwemmen können.

An der Nordostseite des Brückkanals lädt seit 1889 eine Gast-wirtschaft mit einem großen Wirtsgarten ein. Sie ist ein beliebter Ausgangspunkt für Spaziergänge in diesem Bereich, da bis un-mittelbar zum Brückkanal Kraftfahrzeuge fahren dürfen. Dieser Kanalabschnitt ist auch von den Parkplätzen der Raststätte Feucht an der Autobahn zugänglich.

Nürnberg-Gibitzenhof bis Brückkanal 16 km
Für den Rückweg kann man zu Fuß bis Röthenbach bei St. Wolfgang wieder dem Kanal folgen und dann mit dem Bus 602 nach Nürnberg zurückkehren (3,3 km).
Zum Bahnhof Feucht geht es vom Brückkanal aus nach Norden unter der B 8 durch und an der Kirche in Feucht (bis hierhin Markierung Rehbock) weiter zum Bahnhof (3 km).

Der Brückkanal bei Gugelhammer

Schleusenwärterhaus und Brücke im Originalzustand

52

Als Radler kann man auch ab dem Westen von Feucht (Sportplatz, Weißensee, jenseits der A 9) auf dem Grünstrich-Weg bis über die A 6 fahren. Von dort aus zum U-Bahnhof Langwasser Süd siehe oben (10 km).

Zum bzw. vom Bahnhof Ochenbruck an der Strecke Nürnberg—Regensburg (880 bzw. R 5) gelangt man über Schwarzenbruck (Markierung Blaukreuz, am östlichen Ortsrand von Schwarzenbruck weiter mit Blaupunkt, 5 km), zum Bahnhof Altdorf an der S 2 mit der Buslinie 553.

Die Umgebung von Schwarzenbruck bietet lohnende Spaziergänge in der Schwarzachklamm, zur Karlshöhle und zur Gustav-Adolf-Höhle sowie entlang des Wasserwirtschaftlichen Lehrpfads, der auch vom Brückkanal aus begangen werden kann (siehe eigenes Kapitel).

Schwarzenbruck

Bis 1945 war **Schwarzenbruck** ein kleiner Ort mit zwei Patrizierschlössern und einigen Bauernhäusern. Das „Petzen-Schloß" wurde nach dem Markgrafenkrieg 1552 von der Nürnberger Patrizierfamilie Pfinzing neu erbaut und ist seit über hundert Jahren im Besitz der Familie von Petz aus Nürnberg-Lichtenhof. Der dreigeschossige Hauptbau überragt auf einem Felsen die Schwarzach. Zudem umgibt ein gemauerter Graben das ehemalige Wasserschloß. Das Schloß der Grafen von Faber-Castell auf der gegenüberliegenden Schwarzachseite ähnelt in seinem französischen Renaissancestil einem kleinen Loire-Schloß. Es wurde 1883 bis 1885 erbaut und ist heute in eine Altenheimanlage einbezogen. Bemerkenswert ist auch das schöne Fachwerkhaus in der Nähe der Schwarzachbrücke.

Schwarzenbruck entwickelte sich in der zweiten Hälfte des 20. Jahrhunderts zu einer der ausgedehnten Wohnsiedlungen im Nürnberger Reichswald. Zusammen mit Ochenbruck, Rummelsberg, Lindelburg, Altenthann und Pfeifferhütte bildet es eine politische Gemeinde.

Vom Brückkanal zum Bahnhof Burgthann

Kurz hinter der großen Trogbrücke über die Schwarzach sieht man am Westufer (rechts) einen beim Kanalbau angelegten Wasserabflußgraben in das Schwarzachtal. Er ist mit einem eisernen Schieber, einem Getriebekasten und einer Zahnstange versehen, wie auch die alten Schleusentore ausgerüstet waren. Der Schieber kann heute noch bei Bedarf — etwa bei einer Brückenreparatur — geöffnet werden. Das Wasser wird dann zwischen den beiden Schleusen 60 und 59 völlig abgelassen. Im Verlauf der Scheitelhaltung hinter Burgthann sind noch mehrere dieser regulierbaren Abflußgräben angelegt worden, die das Kanalwasser in die nahe Schwarzach ableiten können. Auf dem Stahlstich von Alexander Marx „Der Schwarzach Brück-Kanal" wurde um 1845 dieser Abflußgraben genauestens — natürlich mit abfließendem Wasser — festgehalten.

Nach der Überquerung des Schwarzachtals biegt die Wasserstraße erneut um rund 90 Grad ab und verläuft bis zur Schleuse 51 wieder nach Südosten. Es folgt ein weiterer Knick, bevor ab Schleuse 49 der Kanal bis Schleuse 40 vor dem Weiler Pfeifferhütte in fast gerade Ostrichtung übergeht.

Vor der Schleuse hinter dem Brückkanal begann der schwierigste Abschnitt des Kanalbaus: Bis zur Schleuse 33 südlich Rübleinshof mußte der Kanal in Abständen von je 250 bis 300 Metern 27 Schleusen überwinden. Die Schleuse 59 liegt in etwa 350 Meter Höhe, Schleuse 33 an der Scheitelhaltung in 417 Meter Höhe. Auf einer Strecke von neun Kilometern stieg also die alte Wasserstraße etwa 65 Meter hoch. Hier gab es nur zehn Schleusenwärterhäuser. Ein Kanalwärter mußte jeweils drei Schleusen bedienen. Für eine Schleusendurchfahrt benötigte ein Schiff zwar nur zehn bis 15 Minuten, für die gesamte Strecke machte dies aber einschließlich der Fahrzeit fast einen ganzen Tag aus. Zu Fuß benötigt man allerdings weniger als die halbe Zeit. Die Strecke verläuft außer in Pfeifferhütte durch einen Mischwald aus Kiefern, Fichten und Eichen.

Dieser Kanalabschnitt ist auch bei Anglern sehr beliebt. Der Kanal wird als Fischwasser verpachtet. Hecht, Barsch, Brachse, Aal, Karpfen, Nase, Rotauge, Rotfeder, Schleie, Zander und Wels werden als Jungfische eingesetzt.

An der Schleuse 51 quert die Forststraße Schwarzenbruck—Dürrenhembach den Kanal. Kraftfahrzeuge dürfen bis zum Park- und Rastplatz mit Liegewiese am Kanal fahren. Der Wasserwirtschaftliche Lehrpfad kehrt auf diesem Sträßchen nach Schwarzenbruck zurück. Hier müssen auch die Radfahrer von der Südseite des Kanals auf die Nordseite überwechseln. Der ehemalige Ziehweg an der Südseite ist völlig überwachsen.

Der Kanal verläuft weiter in leicht geschwungener Linienführung durch den Wald. In kurzen Abständen folgen die Schleusen. Das Schleusenhaus der Schleuse 46 steht ausnahmsweise auf der Südseite des Kanals, weil das Nordufer stark abfällt. Zwischen Schleuse 45 und 44 bezeichnet der neunte hohe Kilometerstein ab Kelheim die Strecke: 90 km von Kelheim, 82 km nach Bamberg, 21 km nach Neumarkt, 23 km nach Nürnberg.

Auf dem Weiterweg ist auf der Südseite ein herausragender Sandsteinfelsen des Oberen Burgsandsteins gut zu erkennen. Neben der Schleuse 41 führt eine Holzbrücke über den Kanal, die erste seit Nürnberg. Alle übrigen bestehen aus Sandstein.

Vor der Schleuse 40, am Westrand von **Pfeifferhütte**, hat der Kanal eine Ausbuchtung als Lande- und Wendestelle. Bis zur übernächsten Schleuse 38 säumen die Häuser von Pfeifferhütte den Kanal. Am Ortsausgang überquert die Bundesstraße 8 Nürnberg—Regensburg auf einem Damm die Schleusenkammer. Unterhalb der Schleuse 37 unterbricht die Staatsstraße von Pfeifferhütte nach Burgthann den Kanal.

Nach der Schleuse 37 mit Schleusenwärterhaus fließt der Kanal für 204 Meter auf einem 15 Meter hohen Damm über den Mühlbach, der bei Ochenbruck in die Schwarzach mündet. Gleich darauf mußte der Kanal unter der Eisenbahnstrecke Nürnberg—Regensburg hindurch. Bis etwa 1970 fuhren die Züge über eine stählerne Gitterbrücke. Sie wurde abgebaut und mit einem Damm ersetzt; ein Fußgängerdurchlaß führt hindurch.

Nürnberg-Gibitzenhof bis Bahnhof Burgthann 25 km

Hinter der Unterführung geht es zum Bahnhof Burgthann (Züge Richtung Nürnberg). Der Bahnhof bietet sich als End- und Ausgangspunkt für Fuß- und Radwanderungen am Kanal zwischen Nürnberg und Neumarkt an (R 5, nach Neumarkt von hier aus 22 km).

Vom Bahnhof Burgthann kann man auch zunächst entlang der Bahnstrecke Richtung Nürnberg bis Mimberg gehen (3 km zum dortigen Haltepunkt), weiter nach Norden bis Rummelsberg (Markierung 5/6), von der dortigen Kirche nach Nordwesten (Rotpunkt) über den Dreibrüderberg nach Feucht (Blaustrich); von dort mit der S-Bahn 2 zurück nach Nürnberg (Mimberg-Feucht 7 km).

Radfahrer können ihre Tour entlang des Kanals bereits vor dem Lindelberg abbrechen, dem Radweg 15 in nördlicher Richtung nach Ochenbruck folgen (Haltepunkt Mimberg jenseits der B 8 in östlicher Richtung, 3 km; Bahnhof Ochenbruck: B 8 nach Nordwesten, 3 km).

Nürnberg-Gibitzenhof bis Pfeifferhütte 23,5 km

Auf dem Radweg neben der B 8 geht es in 9 Kilometern über Schwarzenbruck nach Feucht und weiter nach Nürnberg-Langwasser (siehe Feucht).

Vom Bahnhof Burgthann nach Rasch

Die Hälfte der Strecke von Nürnberg nach Neumarkt ist nun geschafft. Der zweite Teil ist landschaftlich völig anders geartet als der bislang beschriebene Abschnitt. Die Kiefern-Eichen-Mischwälder hören auf. Es bieten sich viele Ausblicke in die Landschaft. Auch kommt man nach dem **Bahnhof Burgthann** nicht mehr so häufig an Schleusen vorüber, denn in Kürze ist die Scheitelhaltung in 417 Meter Höhe erreicht. Zunächst folgen jedoch hintereinander die Schleusen 35, 34 und 33. Dann mündet der Kanal in die 24 Kilometer lange Scheitelhaltung bis Sengenthal, sechs Kilometer südlich von Neumarkt. Hier ist der Kanal wegen der Wasservorratshaltung einen halben Meter tiefer und einen halben Meter breiter als im Verlauf der übrigen Strecke.

Vom Bahnhof Burgthann bis zur letzten Schleuse vor der Scheitelhaltung, die Schleuse 33, begleiten ein gepflegter Fußweg und ein neu ausgebauter Radweg das nördliche Kanalufer.

Wenige hundert Meter östlich von Rübleinshof überwindet der Kanal den tiefen Einschnitt des „Distelloch-Dobels" auf einem hohen Damm. Ihn hat Alexander Marx, der Illustrator des Ludwigskanals, auf zwei romantischen Stahlstichen verewigt. Das Häuschen rechts auf dem Bild gibt es nicht mehr, wohl aber das Wassertor — eines von insgesamt 22 im Verlauf der Scheitelhaltung.

Der Name „Distelloch-Dobel" findet sich in heutigen Kartenblättern nicht mehr; der Kanal überspannt hier das Tal des Tiefenbachs. Der kurze Wasserlauf fließt der Schwarzach zu. Friedrich Schultheis, der romantische Schriftsteller, schrieb 1847 darüber: „Ein eigenes Gefühl wandelt den Wanderer an, der den gewaltigen Dammkörper am Fuße desselben betrachtet, denn wer möchte zweifeln, daß da oben ein Wasserbehälter ist, der auf seinem Rücken Schiffe trägt . . ."

Die Wassertore im Verlauf der Scheitelhaltung waren Ende der fünfziger Jahre alle undicht und unbrauchbar geworden. Heute sind sie aus Sicherheitsgründen fast alle durch neue, gut schließbare Tore ersetzt. Oberhalb von Schwarzenbach soll sogar ein doppeltes Wassertor das Abfließen großer Wassermengen verhindern. Östlich des Tiefenbachs umgeben Wiesen mit Obstbäumen den Kanal — besonders im Frühling zur Baumblüte ein schönes Bild. Rechts, also südöstlich, beginnt der Albaufstieg des Oberpfälzer Juras. Vor etwa 160 Millionen Jahren lagerte sich hier der Schlamm aus dem Jurameer ab. Das anstehende Gestein gehört als Amaltheenton zum mittleren Schwarzjura. Ein markanter Berg in diesem Bereich ist der 595 Meter hohe Dillberg.

Man kommt vor **Schwarzenbach** am Kanal an ein Gasthaus mit dem Namen „Ludwigskanal". Als hoher Damm mit rundbogigem Straßendurchlaß überbrückt der Kanal die Straße nach Ezelsdorf. Im weiteren Verlauf folgen wieder eine der Holzbrücken und ein Wassertor. Am Nordufer des Kanals befindet sich ähnlich wie am Brückkanal ein Wasserabflußgraben.

Waren im Verlauf der Kanaltrasse verschiedentlich Dämme nötig, um die Wasserstraße auf gleichem Niveau zu halten, mußte östlich von Dörlbach ein etwa 1000 Meter langer und bis zu 16 Metern tiefer Graben, der Dörlbacher Einschnitt, gebaut werden. An dieser Stelle soll nun der erste Autor, der eine Kanalbeschreibung verfaßte, Friedrich Schultheis, zu Wort kommen. 1813 in Nürnberg geboren, wurde Schultheis Journalist und starb 1898 in seiner Heimatstadt. Er schrieb für den „Nürnberger Friedens- und Kriegskurier" — den späteren „Fränkischen Kurier", der vor 100 Jahren die bedeutendste Tageszeitung von Nürnberg war. Schultheis war auch als Schriftsteller tätig und veröffentlichte verschiedene Werke über Nürnberg.

„Mechanikus Späth, rühmlichst bekannt im Fache der Mühlbaukunst und Gründer und Besitzer einer bedeutenden Maschinenfabrik am Dutzendteich in der Nähe Nürnbergs übernahm die Ausführung (des Dörlbacher Einschnitts), eine Aufgabe, die schwierig genug war und nur von einem Manne, dem alle Mittel der Technik zu Gebote standen, in überraschender Weise gelöst werden konnte. Die zu durchschneidende Höhe bestand zum Teil aus hartem Kalkstein, der mit Pulver gesprengt werden mußte, und mit welcher Tätigkeit dies geschah, beweist der große Verbrauch von Pulver, denn täglich verwendete man davon 150 Pfund zu 200 Steinschüssen, die eine große Menge von Steinen in die Luft schleuderten . . . An dem nordwestlichen Ende des Einschnittes, wo die Arbeit durch Steinschichten weniger erschwert war, wurde die ausgegrabene Erde durch eine Dampfmaschine in die Höhe gefördert. Die Maschine setzte zwei von Späth sinnreich konstruierte, aus einer langen Kette von kleinen Kästen gebildeten Rosenkranzwerke in ununterbrochene Bewegung, die ganze Vorrichtung sammt der Dampfmaschine und deren Ofen wurden nach Erfordernis vorwärts gerückt und ließ den ganzen Einschnitt vollständig ausgegraben hinter sich."

Weiter schrieb Schultheis: „Am unteren Ende führt über diese künstliche Schlucht 50 Fuß hoch (16 Meter) eine geschmackvolle Brücke (ihre Brückenpfeiler stehen heute noch. Der Brücken-oberbau wurde in den letzten Jahren modernisiert). Ein großes Haus, Caserne genannt, steht am oberen Rand des Einschnitts. Da eine Strecke von wenigen Stunden die großartigsten und umfangreichsten Arbeiten erheischte und die in der Nähe lie-genden Ortschaften die zur Unterbringung der vielen Arbeiter nötigen Lokalitäten nicht hinreichend boten, so wurde auf Ko-sten der Verwaltung dieses Haus erbaut, in welchem über 300 Menschen wohnen . . . Wie die Ausgrabung in vollem Gange war, hatten die durch die verschiedensten Bedürfnisse der Ar-beiter herbeigelockten Handwerker wie Schneider und Schuster immer die Hände voll zu tun. Die großartig eingerichtete Küche und die dazugehörige Bäckerei sorgten für das nächste Bedürf-nis aller. Die Caserne war der Zentralpunkt und Versammlungs-ort, hier wohnten die Schmiede, Zimmerleute, Schlosser und Schreiner, welche bei den Maschinen und in den Werkstätten beschäftigt waren. Zur Bauzeit herrschte dort das regste Leben, besonders an den Feiertagen, wo mancher das, was er die Wo-che über verdient hatte, mit gleichgesinnten Brüdern ver-schlemmte . . ."

Der „Mechanikus" Wilhelm Spaeth wurde 1786 in Ismannsdorf geboren und starb 1854 als reicher Fabrikbesitzer in Nürnberg. 1825 erwarb er das alte Hammerwerk am Dutzendteich und er-weiterte es zu einer leistungsfähigen Maschinenfabrik mit Eisen-gießerei. Wie eingangs erwähnt, bestand diese Fabrik nach 1945 nicht mehr weiter. Die Wilhelm-Spaeth-Straße im Südosten von Nürnberg (nahe der Meistersingerhalle) erinnert noch an diesen bedeutenden Industriepionier der aufstrebenden Stadt Nürnberg.

In Posidonienschiefer (oberer Schwarzjura) des Dörlbacher Ein-schnitts wurde die sehr gut erhaltene Versteinerung eines 15 Meter langen Ichthyosaurus (Fischechse) gefunden. Dieses Tier aus dem Jurameer ist im Ansbacher Stadtmuseum zu bewun-dern — im „fernen" Ansbach deshalb, weil es damals Heimat-museen im heutigen Sinn nicht gab. So sammelte der Histori-sche Verein von Mittelfranken, dessen Sitz auch heute noch Ansbach ist, alle historisch wertvollen Bodenfunde aus Mittelfranken. Beim Bau des neuen Main-Donau-Kanals wurden ebenfalls Ichthyosaurier-Reste südöstlich von Körnersdorf im Landkreis Neumarkt gefunden; sie sind im Besitz der Naturhistorischen Gesellschaft zu Nürnberg. Es gab mehrere Arten dieser flinken Schwimmer mit langen Rachen und spitzen Zähnen. Der Körper glich dem eines heutigen Delphins, Kopf und Rachen mehr dem eines Krokodils. Die Kadaver dieser Tiere versanken im Schlamm des damaligen Meeresbodens und wurden darin versteinert.

Der Weg zu beiden Seiten des Kanaleinschnitts von **Dörlbach** ist steinig und uneben. Beim Gehen ist Vorsicht geboten. Das Kanalbett hat hier keine sanfte Erdböschung, sondern ist wie in Schleusenbereichen gemauert. Stützmauern an den Seiten sollen ein Nachrutschen der hohen Wände des Taleinschnitts verhindern.

Das Ostende des Dörlbacher Einschnitts markiert wiederum ein abgesperrter Wasserabflußgraben. Hinter einer Holzbrücke wird auch der südliche Fußweg wieder besser. Auf der Südseite des Kanals zeigen sich die bewaldeten Hänge des Reisberges, der zum Dillbergmassiv gehört. Nach Norden hin genießt man einen weiten Blick über die unbewaldete Schwarzjura-Hochfläche in Richtung Altdorf und auf den höhergelegenen Albrand des Weißen Juras mit seinen bewaldeten Hängen.

Nürnberg-Gibitzenhof bis Rasch 32 km; Bahnhof Burgthann bis Rasch 6,5 km

Auf einem Damm über den Kanal führt die Straße von Rasch nach Gspannberg. Von hier aus kann man auf der Straße den halben Kilometer nach Rasch hinein wandern (Markierung 1) und weiter von der Ortsmitte, vorbei an der sehenswerten Kirche, auf den Gelbstrich-Wanderweg nach Altdorf-Bahnhof (3,5 km, Endstation der S 2). An die gleiche Bahnlinie zum Bahnhof Ochenbruck gelangt man mit der Buslinie 551 ab Rasch.

Von Rasch aus kann man auch dem Radweg 14 nach Westen bis zur Straße Altdorf—Winkelhaid folgen, nach Westen unter der A 3 hindurch in den Ort fahren. Am dortigen

Die Strecke zwischen Nürnberg und Neumarkt ist mit Bäumen gesäumt; historische Kilometersteine zeigen die Entfernungen.

Bahnhof geht es mit dem Radweg 17 nach Norden, über die A 6 und dann nach Westen durch den Wald bis zur A 9. Dann folgt man Blaukreuz nach Fischbach hinein; Blaupunkt führt zum Bahnhof Fischbach, von dort aus gelangt man auf der Löwenberger/Liegnitzer Straße geradewegs zum U-Bahnhof Langwasser Süd (22 km).

Wenn man am Kanal weiterwandert, hat man noch 12 Kilometer bis Neumarkt vor sich.

Von Rasch nach Neumarkt i. d. OPf.

Von der Straße Rasch–Gspannberg aus ist Radfahren auf dem ehemaligen Treidelpfad des Kanals gestattet. Der nächste der hohen Kilometersteine teilt mit: 11 km von Neumarkt, 80 km von Kelheim, 92 km nach Bamberg, 33 km nach Nürnberg.

Die Kanaltrasse führt wiederum durch Wald; am Fuß des südlichen Berghangs beschreibt sie einen weiten Bogen in Südostrichtung. Im Norden des Kanals erhebt sich der 469 Meter hohe Rascher Berg; auf seiner Höhe finden sich Wallreste einer Burg der Herren von Hohenrasch. Die strategisch günstig gelegene Burg konnte das Schwarzachtal gut überblicken. Hier trifft die „Juralinie" des Main-Donau-Wegs (Staffelstein bis Regensburg) auf den Kanalweg und begleitet ihn bis Neumarkt.

Am Rascher Berg verläßt der Kanal Mittelfranken und tritt in die Oberpfalz ein. Ab hier bis Plankstetten ist der Radwanderweg 2 des Landkreises Neumarkt i. d. OPf. am Ludwigskanal entlang markiert.

Der tiefste Kanaleinschnitt der gesamten Strecke liegt vor dem Wanderer, die 500 Meter lange und 23 Meter tiefe „Unterölsbacher Schlucht", auch „Ölsbacher Einschnitt" genannt. Ursprünglich hatte von Pechmann hier einen Kanaltunnel geplant, der nie verwirklicht wurde — die Bau- und Unterhaltskosten wären zu hoch geworden. In Frankreich und in England gibt es, wenn auch kürzere, Kanal-Tunnelstrecken. Auch bei Dietz an der Lahn wurde einst ein Flußtunnel gebaut. Geologisch gesehen liegt der Einschnitt im unteren Braunjura (Dogger, Opalinuston). Der Kanal verengt sich in diesem Abschnitt auf ein zehn Meter breites, gemauertes Bett. Die Neigung der Böschung betrug ursprünglich 45 Prozent. Erst 1925 wurde der Hang abgeflacht, um Erdrutsche zu vermeiden. Alexander Marx schuf auch von der Unterölsbacher Schlucht einen Stahlstich; auf ihm läßt er Blitze zucken und Regen herniederfallen.

Es folgen die schon gewohnten Kanalbauten: ein doppeltes Wassertor, eine hölzerne Brücke und ein Wasserablaßgraben auf der Nordseite. **Unter-** und **Oberölsbach** kommen in dem sich verbreiternden Schwarzachtal in Sicht. Die Ortsverbindungsstraße nach Reichenholz benutzt einen Damm über den Kanal; an dieser Engstelle ist wiederum ein altes Wassertor zu sehen. Die weitere Kanalstrecke bis Berg schlägt nach einem neuerlichen Knick nahezu Südrichtung ein.

Auch in diesem Abschnitt kann der Kanal nicht den natürlichen Gegebenheiten folgen. Zwei Dämme sind zur Überbrückung von Bachtälern notwendig. Kurz vor dem Beginn des Damms über das Gruberbachtal mündet am Westufer ein Wassergraben in den Kanal. Ein 3,5 Kilometer langer künstlich angelegter Graben von nur wenigen Dezimetern Breite bildet den Hauptwasserzuleiter für die Scheitelhaltung. Er führt einen Teil des Kettenbachwassers dem Kanal zu, außerdem den Gruberbach und einen weiteren Bach, der östlich von Gspannberg entspringt. Diese Wasserzuleitung mit einer Schüttung von 20 Litern pro Sekunde für den Kanal funktioniert auch heute noch so gut, daß an der Scheitelhaltung niemals Wassermangel vorgekommen ist. Das ist ebenso wie die 24 Kilometer lange Scheitelhaltung mit ihrer genauen Nivellierung durchaus eine Meisterleistung des Kanalbaus — geschaffen in einer Zeit, in der die technischen Möglichkeiten bei weitem nicht so entwickelt waren wie heute.

Der Damm über den Gruberbach ist 934 Meter lang und 21 Meter hoch, der folgende über den Kettenbach 350 Meter lang und 10 Meter hoch. Die flach geneigten Dämme, aufgeschüttet aus dem Aushub des Unterölsbacher Einschnitts, sind mit Hunderten von Apfelbäumen bepflanzt — im Frühling während der

Baumblüte ein besonders schöner Anblick. Das Obst wird alljährlich vom Wasserwirtschaftsamt versteigert.

An der Ostseite des Schwarzachtals verläuft die Autobahn Nürnberg—Regensburg A 3. Genau im Süden kann man eine Bergkuppe erkennen, auf der einst ebenfalls eine Burg stand. Außer Wällen und Gräben ist von der einstigen Heinzburg auf dem 549 Meter hohen Schloßberg nichts geblieben. Zur Rechten ragen die Sendemasten auf dem 595 Meter hohen Dillberg auf.

Im Osten des Kanals reicht nun das Neubaugebiet der Gemeinde **Berg** bis an die ehemalige Wasserstraße. Die Ortsmitte beherrscht der Kirchturm mit einer hohen Spitze und vier Ecktürmchen. Weiter entfernt im Südosten erkennt man die Ruine Wolfstein über Labersricht.

Radfahrer sollten vor Berg auf ein Sträßchen an der Westseite des Kanals überwechseln. Hinter Berg trifft dieser Weg auf die Markierung Rotpunkt; von dort aus ist dann wiederum der Weg am Ostufer bequemer zu befahren. Man passiert hier ein neues Wassertor mit einer Holzbrücke. Am Kanal wurden in diesem Bereich Linden neu angepflanzt; zwischen Richtheim und Neumarkt tritt er auch wieder in ein Waldgebiet ein. An dessen Südende verläuft der Kanal unmittelbar neben der Bundesstraße 299. Kurz darauf quert der Straßendamm der Nordumgehung von Neumarkt den Kanal. Hier beginnt auch das nördliche Neubaugebiet von **Neumarkt i. d. OPf.** Westlich des Blomenhofs steht wieder ein hoher Kanalkilometerstein mit der Inschrift: 70 km von Kelheim, 1 km von Neumarkt (Hafen), 102 km nach Bamberg, 43 km nach Nürnberg.

Es folgt ein weiterer neuer Straßendamm. Auf dem linken Kanalufer geht es an einem Friedhof und der Kläranlage vorbei. Hier unterquert der von Osten kommende Maierbach den Kanal. Nach dem nächsten Straßendamm führt ein asphaltierter Weg zur Bundesstraße 8. Man sollte am östlichen Ufer bleiben, denn im Westen liegen die Parkanlagen des Neumarkter Krankenhauses. Wenn man die B 8 überquert hat, sieht man an der Ostseite das eingezäunte Gelände des ehemaligen Kanalhafens von Neumarkt. Ein alter Spaethscher Hafenkran ist noch vorhanden.

Parallel zur B 8 verläuft der Pilsach-Leitgraben und mündet oberhalb des Hafens in den Kanal; er konnte als wasserreichster Zufluß bis zu 180 Liter in der Sekunde der Scheitelhaltung zuführen. Die Pilsach entspringt bei Trautmannshofen, weit im Nordosten von Neumarkt.

Im Hafenbereich gibt es nur einen schmalen Pfad auf der Westseite des Kanals. Radfahrer müssen weiter nach Westen (rechts) ausweichen. Neben dem Flugplatz verläuft die Woffenbacher Straße bis zum Feuerwehrhaus, dort biegt man links (stadteinwärts) in die St.-Florians-Straße ein. Sie quert den Kanal. An dieser Straßenbrücke müssen sich die Radfahrer links (östlich) halten, die Fußwanderer können in den „Parc d'Issoire" einbiegen, der an die französische Partnerschaft von Neumarkt erinnert. Der Weg führt für etwa 80 Meter zwischen Kanal und Steinskulpturen. Dann verschwindet der Kanal unter der vierspurigen Umgehungsstraße um die Altstadt von Neumarkt. Diese muß man vom Neumarkter Festplatz aus auf einer Fußgängerbrücke überqueren. Hinter dem hohen Damm erscheint der Kanal wieder. Er wird von der breiten asphaltieren Mistelbacher Allee begleitet, ebenfalls nach einer Partnerstadt so benannt. Nach etwa 150 Metern unterbricht der Bahndamm der Strecke Nürnberg—Regensburg den Kanal. Wanderer unterqueren den Damm durch eine Unterführung. Nun befinden sie sich auf einem Parkplatz. Geradeaus gelangt man zur Straße nach Freystadt und auf deren Südseite wieder an den Kanal, der von hier aus zunächst schnurgerade Richtung Altmühltal zieht.

Nach links werden sich diejenigen, die in Neumarkt ihre Kanalwanderung beenden wollen. Gleich hinter der Straßenunterführung unter der Bahn können Fußgänger auf einen Pfad abbiegen und gelangen nach wenigen Minuten zum Bahnhof; Radfahrer müssen der Straße noch rund 100 Meter folgen, ehe sie sich ebenfalls nach rechts wenden dürfen.

Nürnberg-Gibitzenhof bis Neumarkt ca. 45 km
Mit der Bahn (R 5, Endpunkt des Verkehrsverbundes) kann man von Neumarkt nach Nürnberg zurückfahren.

WASSERWIRTSCHAFTLICHER LEHRPFAD BEI SCHWARZENBRUCK

In **Schwarzenbruck** hat der Wasserwirtschaftliche Lehrpfad seinen Hauptausgangspunkt. Der rund sieben Kilometer lange Rundweg wurde vom Wasserwirtschaftsamt Nürnberg angelegt. Im Schwarzachtal ist er nur zu Fuß begehbar; wegen der Trittsicherheit auf feuchtem Untergrund ist auf festes Schuhwerk zu achten. Der Weg nimmt gut zwei Gehstunden in Anspruch. Der Lehrpfad beginnt am Parkplatz südlich der Schwarzachbrücke.

Wo ein kleiner Bach von Süden der Schwarzach zufließt, wird die Fischzucht an einer Teichanlage erläutert: *Ausreichend kühles und sauerstoffreiches Wasser ist Voraussetzung für die Forellenzucht. Die zwölf Teiche werden durch eigene Quellen mit einer Schüttung von 3 Litern/Sekunde versorgt.*

Das nahe Faberwehr wird ebenfalls auf einer Schautafel beschrieben: *Wehre im Fluß dienen der Stauerzeugung, hier für die Turbine der ehemaligen Farbmühle. Hochwasser sind jedoch schadlos abzuführen, dazu ist ein bewegliches Schutzwehr installiert. Schutzmauer Breite 2,5 Meter, Höhe 2,3 Meter; Streichwehr Breite 16,7 Meter, Höhe 2,3 Meter; Flutöffnung 9 Meter mal 2,7 Meter.*

Beim Wehr geht man auf einem Holzsteg auf den Spiel- und Rastplatz zwischen zwei Schwarzacharmen. An seinem Rand werden Gewässerpflege und verschiedene Arten der Uferbefestigung erläutert.

Gewässerpflege: Bild und Erholungswert der Landschaft sind bei Gewässerunterhaltung zu berücksichtigen. Die Pflege des Uferbewuchses fördert die biologische Wirksamkeit der Gewässer. Uferbepflanzung mit Esche, Schwarzerle, Eiche, Silberweide, Vogelbeere, Linde, Hasel, Hartriegel, Weißdorn, Pfaffenhütchen, Traubenkirsche, Korbweide, Wasserschutzwall.

Schutz der Flußufer: In der vielfältig genutzten Kulturlandschaft ist es notwendig, die Ufer gegen die Erosionskraft des Wassers zu schützen. Dabei sind die Zusammenhänge zwischen Wasserwirtschaft, Bautechnik, Landschaft und Städten zu beachten.

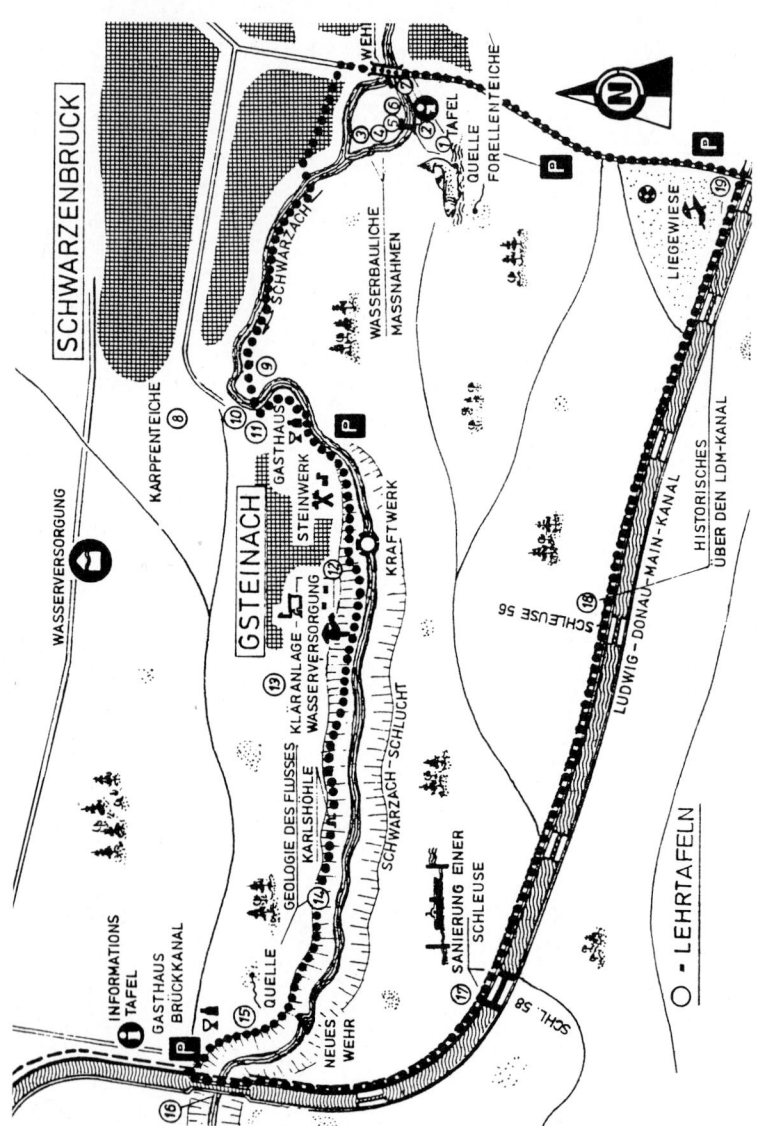

44

Schautafel "Quelle" am Lehrpfad >

Verbauungsart Holzbeschlag: Holzverbau mit Dielen hinter den gerammten Pfählen, Bepflanzung der Hinterfüllung mit tiefwurzelnden Gräsern, Büschen und Auengehölz, Anwendung bei ruhigfließenden Gewässern, bei geringer Wasserspiegelschwankung im Siedlungsbereich.

Ufermauer: Schwergewichts- oder Winkelmauer mit Gründung auf Fels oder Sicherung gegen Unterspülung, z.B. mit vorgerammter Spundwand. Die Gestaltung der Sichtflächen erfordert besondere Sorgfalt. Anwendung bei tosenden Abflüssen zum Schutz der Gebäude und Straßen bei eng besiedeltem Ortsbereich.

Verbauungsart Steinwurf: Versteinung der Ufer mit wasser- und frostbeständigen Wasserbausteine, Humusierung und Begrünung mit tiefwurzelnden Gräsern, Sträuchern, Bäumen. Anwendung bei stark fließenden Gewässern.

Verbauungsart Lebendverbau: Ausgewählte Pflanzengesellschaften verstärken mit ihren Wurzeln die Standfestigkeit der Uferböschung. Kleinere Abbrüche werden bewußt hingenommen. Voraussetzung keine großen Wasserspiegelschwankungen, normale standfeste Böden, verfügbare ausreichend weite Uferstreifen, freie Landschaft.

Nun muß man wieder die Schwarzach Richtung Ortsmitte überqueren. Dort geht es noch ein Stückchen bergauf, dann leitet ein Wegweiser nach Westen (links) ins Schwarzachtal. An einem Steg ist Wissenswertes über die Schwarzach nachzulesen: *Von der Quelle bei Neumarkt bis zur Mündung östlich von Schwabach hat sie ein Einzugsgebiet von 346 Quadratkilometern. Zum Vergleich: Regnitz in Bamberg 7545 Quadratkilometern. Niedrigwasser 0,7 m/Sekunde, Mittelwasser 2,3 m/Sekunde, Hochwasser ca. 50,0 m/Sekunde.*

Mit einigen Sandsteinfelsen beginnt die Schwarzachklamm. Über sie ist zu erfahren: *Naturdenkmal seit 1936. Die gestaltende Kraft des Wassers formt Landschaften. Während die Urstromrinne der Schwarzach nördlich Gsteinach mit Sanden verschüttet wurde, tiefte sich der Fluß hier in den Burgsandstein ein und bildete Höhlen und Felsentore.*

Der Schwarzenbrucker Ortsteil **Gsteinach** liegt hier am nördlichen Schwarzachufer. Der Name kommt von der Ache (=Bach), die sich durch das Gestein zwängt.

Man steht nun vor einem Fachwerkhaus mit einer Gaststätte. Zum Weiterwandern muß man die Tordurchfahrt passieren. Im Gelände des anschließenden aufgelassenen Granitwerks geht es auf schmalem Weg zwischen den Mauern des Gebäudes und einer Felswand hindurch. In der Wand aus Mittlerem Burgsandstein ist eine wabenartige Vertiefung zu sehen. Wahrscheinlich ist hier Tonstein ausgewittert.

Als nächstes gelangt man zum Flußkraftwerk Gsteinach. Die Informationstafel lautet: *Hier wird die Energie über Turbinen in elektrischen Strom umgewandelt. Bestand seit dem 19. Jahrhundert. 1948 Einbau einer zweiten Turbine. Ausbaufallhöhe 4 Meter, Ausbauwassermenge 3,9 Kubikmeter in der Sekunde, Ausbauleistung 82 Kilowatt.*

Bis kurz vor dem Brückkanal führt der Weg nun durchs „romantische" Schwarzachtal. Die Felsen am Ufer bilden fast senkrechte Wände. Bewachsen sind sie mit verschiedenen Laubmoosen, Lebermoosen und dem zierlichen Rippenfarn.

Umgestürzte Bäume liegen über dem Flußtal; bald ist die „Gustav-Adolf-Höhle", eine Halbhöhle, erreicht. Der schwedische König Gustav Adolf ließ hier 1632 einen Feldgottesdienst abhalten zum Dank dafür, daß seine Soldaten ein Gefecht gegen kaiserliche Truppen bei Burgthann siegreich bestanden hatten. Eine Tafel mit der Inschrift „Hic fuit MDXXXII" an der Höhlendecke erinnert daran. Eine weitere Halbhöhle im Burgsandstein im Verlauf des Weges trägt den Namen Karlshöhle.

Anschließend erklärt eine Tafel im Tal die Gewässergüte: *Die Gewässergüte eines Fließwassers wird beurteilt nach der Zusammensetzung seiner tierischen und pflanzlichen Besiedelung sowie den äußeren Bedingungen, Gewässertyp, Chemismus, Sedimente. Zur Kennzeichnung werden dabei 4 Hauptgüteklassen I—IV und 3 Zwischenstufen 1-2, 2-3 und 3-4 angewandt. Die Schwarzach weist in diesem Abschnitt die Güteklasse 2-3, also eine nicht ausreichende Güte auf. Typisch für diese Güteklasse ist die häufige Anwesenheit der dargestellten Egel und Wasserasseln sowie die Verkrautung.*

Die Felsen im Schwarzachtal treten nun zurück. Am Aufstieg kurz vor dem Brückkanal entspringt eine Quelle. Auch sie wird erläutert: *Über einer wasserstauenden Lettenschicht tritt aus dem wasserführenden mittleren Burgsandstein eine Quelle zutage. Trotz toniger Deckschichten beeinflußt menschliches Einwirken die Güte des Quellwassers.*

Oben an der Gaststätte am **Brückkanal** steht eine Übersichtstafel für den Lehrpfad wie in Schwarzenbruck. Der Lehrpfad führt vom Brückkanal bis zur Schleuse 51 am Kanal entlang. Dort biegt er auf einer Forststraße nach Norden (links) ab und kehrt zum Ausgangspunkt zurück. An drei der Schleusen, die man passiert, steht Wissenswertes über den Ludwigskanal auf den Informationstafeln. *Schleuse Nr. 58: 80 Meter Donau-Scheitel, 183 Meter Main-Scheitel, 32,10 Meter lang, 4,64 Meter breit, 2,34 Meter Hubhöhe.*

Das dazugehörige Kanalhaus ist in gutem Erhaltungszustand. Nach drei weiteren, kurz hintereinander gelegenen Schleusen ist bei Schleuse 55 zu lesen: *„Donau und Main, für die Schiffahrt verbunden, ein Werk von Carl dem Großen versucht, durch Ludwig I. König von Bayern neu begonnen und vollendet MDCCCXLVI (1846). 1825 Auftrag König Ludwigs I., 1836 Beginn des Baues, 1846 Fertigstellung und Freigabe. Entwurf und Bauleitung durch Freiherrn von Pechmann."* Dies ist die gleiche Inschrift wie am großen Kanaldenkmal in Erlangen. Schleuse 55 hat auch ein gut erhaltenes Kanalwärterhaus mit der Traufseite zur Schleuse.

Hier lohnt sich einmal eine nähere Betrachtung der Lage des Kanalhauses: Hinter dem Haus, wo jetzt eine Wiese eingezäunt ist, wurde beim Kanalbau ein Waldstück zur landwirtschaftlichen Nutzung durch den Kanalwärter gerodet. Dieses Grundstück liegt aber um einiges tiefer als das Kanalbett. Wegen der Sicht auf die Kanalhaltungen beiderseits der Schleuse darf das Kanalwärterhaus nicht „unter" der Schleuse stehen. Folglich mußte das normalerweise einstöckige Haus auf einem Untergeschoß errichtet werden. Es konnte die landwirtschaftlichen Geräte aufnehmen. Einen kleinen Garten für Gemüse und Obstbäume hatten allerdings alle Kanalhäuser.

Bei Schleuse 54 trifft der Lehrpfad auf einen Sportpfad von Schwarzenbruck her. An Schleuse 52 steht nochmals eine Erläuterungstafel: *Die noch bestehenden Abschnitte des einst 172 Kilometer langen Kanals dienen heute der Naherholung und der Fischerei. Die kulturhistorische Anlage steht unter Denkmalschutz. Kanalhaltung* [zwischen den Schleusen] *51-52, 355 Meter Länge, 1,46 Meter Wassertiefe und 15,8 Meter Wasserspiegelbreite.*

Von der Steinbrücke an Schleuse 51 führt die Forststraße nach links (Norden) wieder dem Ausgangspunkt zu.

VON NEUMARKT I. D. OPF. INS ALTMÜHLTAL

Die Strecke von Neumarkt ins Altmühltal ist nicht mehr durchgängig mit Kanalwegen versehen, obwohl der Ludwigskanal bis Beilngries fast vollständig erhalten ist. Wer von Neumarkt aus ein Teilstück des Kanals in eine Rundwanderung einbeziehen oder wer der alten — und ab Berching der neuen — Wasserstraße ins Altmühltal folgen will, für den wird dieser Abschnitt beschrieben. Die Bahnlinie Neumarkt—Beilngries wurde aufgelassen; für den Personenverkehr sorgen Buslinien.

Vom Bahnhof **Neumarkt** gelangt man in nördlicher Richtung zur Straße nach Freystadt und Stauf, auf dieser unterquert man die Bahnlinie Nürnberg—Regensburg und erreicht nach rund 100 Metern den Kanal. Wer mit dem Auto zum Ausgangspunkt Neumarkt kommt, dem stehen unmittelbar an dieser Straße die Parkplätze des Neumarkter Festplatzes zur Verfügung. Unter großen Bäumen führen rechts (Westen) der Radweg, links der Fußweg am Kanal entlang. Dieses Gebiet südlich von Neumarkt war vor dem Bau der Wasserstraße sumpfig; man führte den Kanal in einem tiefen Einschnitt schnurgerade nach Süden. Zunächst überquert die Neumarkter Südumgehung die hohen Wälle des Kanals, danach tritt er wieder in ein Waldgebiet ein.

Vom Bahnhof Neumarkt bis zur Straßenbrücke B 299—Buchberg ist der Kanalweg als „Radweg Landkreis Neumarkt 2" markiert. Westlich des Ortes **Buchberg** lädt der gleichnamige bewaldete Berg (591 Meter) mit vorgeschichtlichen Befestigungsanlagen zu Wanderungen auf den markierten Rundwegen ein. Ab hier empfiehlt sich für Radwanderer ein Seitenwechsel der Kanalwege. Unterhalb der Straße zur Schmidmühle gelangt man an die erste Schleuse nach der Scheitelhaltung mit der Nummer 32 und dem dazugehörigen Kanalhaus. Hier, südlich von **Sengenthal**, laufen Kanal und Bundesstraße unmittelbar nebeneinander her; des öfteren überquert auch eine Trasse die andere. Bei einer Firmeneinfahrt folgt der Radweg ein Stück weit der B 299, die er bei der Abzweigung nach Velburg wieder verläßt.

Bei **Greißelbach** steht noch das kleine alte Bahnhofsgebäude aus Kalkbruchsteinen. Südlich davon entfernt sich die Kanaltrasse im Wald nach Osten von der Bundesstraße. In rascher Folge mußten die Kanalschiffe die Schleusen 31 bis 26 durchfahren. Die Schleusenwärterhäuschen sind noch vorhanden; mehrere kleine Straßendämme unterbrechen die Wasserfläche. Der Kanalweg wechselt mehrfach die Seiten; der Radweg Neumarkt 2 führt östlich des Kanals nach **Mühlhausen**. Am Ortsausgang quert die Straße nach Weihersdorf den Ludwigskanal, der nach der Schleuse 25, wieder mit Kanalhaus, erstmals seit Neumarkt einen kleinen Knick macht. Das Ostufer des Kanals wird ein letztes Mal von Wald begleitet.

Von Westen kommend, tritt der neue Main-Donau-Kanal in einem 90-Grad-Bogen ins Sulztal ein. Bei **Bachhausen** schließt eine Schleuse dessen Scheitelhaltung ab. In Höhe von **Pollanten** überschreiten beide Kanäle die Grenze zum Naturpark Altmühltal (siehe gleichnamiges Kapitel). Vor Pollanten verläuft der Radweg Neumarkt 2 wiederum ein kurzes Stück auf einer Straße bis zur Einmündung in die B 299; er zieht dann parallel zu ihr weiter nach Süden, ab Rappersdorf wieder entlang des Ludwigskanals. Im enger werdenden Sulztal bleibt er bis kurz vor Berching östlich und oberhalb der Straße, während die neue Kanaltrasse im Westen des Sulztals liegt.

Die Kammer der Schleuse 24 ist noch nahe des ehemaligen Bahnhofs von **Berching** zu sehen, die folgende lag südlich der Altstadt. Der Stadtkern ist vollkommen von der Wehrmauer aus dem 15. Jahrhundert umgeben. Straßenmarkt und Kirchen des Staatlich anerkannten Erholungsortes sind sehenswert.

Neumarkt i. d. OPf. bis Berching 20 km
Nach Neumarkt oder bis Beilngries mit der Buslinie 8702; Weiter- oder Rückfahrt mit dem Personenschiff (siehe S. 84)

Radler und Wanderer können in Berching den Ludwigskanal verlassen und ab der Schiffslände dem neuen Kanal folgen; in **Plankstetten** (siehe S. 84) biegen die Begleitwege vom alten

Kanal ohnehin nach Westen ab. Die Markierungen leiten über Biberbach nach Beilngries.

Neumarkt i. d. OPf. bis Beilngries 28 km

Rückfahrt mit der Buslinie 8702; Personenschiffahrt auf dem Kanal siehe S. 84. Die Wege G, 35/38 bis Biberbach, 39 bis Plankstetten und dann 3 bieten sich für den Rückweg nach Berching an.

Radwanderer können Beilngries durchqueren und der Altmühl flußaufwärts oder flußabwärts folgen (Altmühltalweg A). Bis Kelheim 42 km, von dort aus ab Bahnhof Saal nach Regensburg und weiter nach Nürnberg mit dem Zug (Strecke 992 und 880). Talaufwärts trifft man in Kinding (10 km) auf den Radwanderweg Nürnberg – Rothsee – Altmühltal (siehe „Radwanderwege in das Fränkische Seenland"). Flußaufwärts sind Eichstätt (42 km), Dollnstein, Solnhofen, Pappenheim und Treuchtlingen Bahnstationen für eine Rückfahrt nach Nürnberg (Strecken 990, 910).

Kloster Plankstetten im Sulztal

DER MAIN-DONAU-KANAL VON NÜRNBERG NACH BAMBERG

Der Abschnitt Nürnberg—Bamberg des Europakanals zieht wohl weniger die Langstreckenwanderer an. Doch bieten die Wege an den Kanalufern gerade für Nürnberger oder Erlanger eine bequeme Möglichkeit, die Städte und Dörfer entlang des Regnitztals und beliebte (Rad-)Wandergebiete ohne Auto zu erreichen. Auf den 62 Kilometern zwischen Nürnberg und Bamberg lassen sich viele Spaziergänge und Rundwanderungen unter Einbeziehung der Kanalwege planen. Eine Hinfahrt oder Rückkehr mit öffentlichen Verkehrsmitteln ermöglicht auch kurze Etappen: Bis Fürth verkehren U-Bahn und Busse des VGN, der Kanal wird von der Bahnstrecke Nürnberg—Bamberg (820 bzw. R 2) begleitet. Die Fahrradkarte von Nürnberg nach Bamberg ist relativ preisgünstig (da Nahverkehr unter 100 km). Der Verkehrsverbund mit seinen Streifen- bzw. Tageskarten reicht bis Forchheim-Eggolsheim. Ein Ausflug Richtung Forchheim läßt sich vom 1. Mai bis Mitte September dienstags, mittwochs und donnerstags auch mit einer Hin- oder Rückfahrt auf dem Fahrgastschiff verbinden.

Von Nürnberg nach Fürth

Der Ausgangspunkt für die Strecke von Nürnberg nach Bamberg ist die Endhaltestelle der U-Bahnlinie 2, **Röthenbach bei Schweinau**. Sie ist vom Hauptbahnhof Nürnberg in nur zehn Minuten zu erreichen. Die U-Bahn unterquert dabei den Main-Donau-Kanal etwa 250 Meter nördlich der Endstation in der Ansbacher Straße. Ziehwege für Pferde wie beim Ludwigskanal sind am Europa-Kanal natürlich nicht mehr zu finden; jedoch verlaufen in der Regel zu beiden Seiten des Kanals Begleitwege. An der Kanalbrücke (Schweinauer Hauptstraße/Ansbacher bzw. Weißenburger Straße) ist der Kanal erreicht. Sein Bett liegt hier etwa acht Meter tiefer als das umgebende Gelände. An der Südseite der Brücke geht eine Treppe zum südlichen Kanalweg, der von Fußgängern und Radfahrern benutzt werden kann (auf eigene Gefahr). Der Weg am jenseitigen Kanalufer unmittelbar an der Südwesttangente ist keinesfalls zu empfehlen.

Hier im städtischen Bereich ist der Main-Donau-Kanal von Betonmauern begrenzt, die bepflanzten Böschungen sind steil. In Richtung Bamberg geht es nach Nordwesten (links). Bis zum Main sind es 68 Kilometer. Auf dem östlichen Ufer begleitet bis Fürth-Unterfürberg die Südwesttangente den Kanal, die dann nach Westen zur B 8 abbiegt.

Zunächst quert ein Fußgängersteg den Kanal, unmittelbar darauf folgen zwei Eisenbahnbrücken: die erste — die sogenannte Ringbahn — für den Güterverkehr vom Nürnberger Rangierbahnhof zum Bahnhof Stein, die zweite Brücke für die Strecke Nürnberg—Ansbach. Diese Brücken über den Main-Donau-Kanal sind grundsätzlich Eisenkonstruktionen mit hohen seitlichen Stahlverstrebungen. Sie sollen verhindern, daß nach einem Unfall Zugteile ins Wasser stürzen.

Allmählich gleichen sich die Höhen von Kanal und Gelände einander an. Auf der Brücke zwischen Großreuth bei Schweinau und Gebersdorf verkehrt der Bus 69, mit dem man zur Personenlände 1 an der Hügelstraße gelangt.

Nach der Personenlände kommt man am Bootshafen des 1. Motoryachtclubs Nürnberg vorbei, anschließend am Bauhof des Wasser- und Schiffahrtsamtes Nürnberg. In seiner Halle können kleinere Wasserfahrzeuge auf dem Trockenen repariert und gewartet werden. Diese eingezäunten Bereiche müssen auf dem Aischweg umgangen bzw. umfahren werden; nach etwa 300 Metern geht es wieder auf den Kanalweg. Die Straßenbrücke der Rothenburger Straße liegt bereits in der Nähe der Stadtgrenze zwischen Nürnberg und Fürth. Im Westen (links) sieht man große Lagerhäuser in Fürth-Weikershof. Der Kanal fließt nun höher als das umgebende Gelände. Ab der Rothenburger Straße wendet sich die Wasserstraße in sanftem Schwung zunächst mehr in nördliche, dann in nordwestliche Richtung. Auf einer kurzen Trogbrücke überquert der Kanal im Süden von **Fürth** die Schwabacher Straße. An der Südwestseite der Brücke führt eine Treppe hinunter zur Schwabacher Straße. (Haltestellen der Buslinie 67 nach Südosten zur U 2, der Linie 176 nach Norden zum Fürther Bahnhof).

Anschließend fließt der Kanal auf einem hohen Damm, der in eine mächtige Trogbrücke übergeht; sie überspannt das Rednitztal. Nach Süden blickt man auf die Rednitzwiesen — Wasserschutzgebiet der Stadt Fürth —, nach Westen auf einen bewaldeten Höhenzug mit dem Turm der **„Alten Veste"**. An die Trogbrücke schließt sich die Personenlände Fürth 2 an, mit den Bussen 111, 112, 113 über die Zirndorfer Straße erreichbar. Diese bildet die nächste Straßenbrücke. In diesem Bereich bieten sich lohnende Wanderungen im Fürther Stadtwald und im Zirndorfer Forst sowie in der Umgebung von Cadolzburg an (markierte Wege von der Zirndorfer Straße und dem Haltepunkt Alte Veste, Bahn R 11, Bus 111). Die „Alte Veste" trägt ihren Namen inzwischen nicht mehr ganz zu Recht, handelt es sich doch um einen neuen Aussichtsturm neben einer beliebten Gaststätte. Allerdings bestand seit dem 13. Jahrhundert an gleicher Stelle eine Burg. Bereits 1388 fiel sie im Städtekrieg den Flammen zum Opfer; trotzdem diente die Ruine im Dreißigjährigen Krieg als ein Stützpunkt für die Truppen Wallensteins und wurde von den Schweden attackiert. 1835 bekamen die Ausflügler in den stadtnahen Wald einen Aussichtsturm erbaut, der wiederum Ende des Zweiten Weltkriegs gesprengt wurde.

Nürnberg—Röthenbach bei Schweinau bis Zirndorf Alte Veste 7 km

Rückfahrt ab Bahnhof Alte Veste mit dem Zug (R 11).

Im weiteren Verlauf schlägt der Kanal im Westen einen Bogen um Fürth, zuerst in Nordwest-, später in Nordostrichtung. Im Bereich **Fürth-Dambach** folgen die Brücke der „Rangaubahn" von Fürth nach Cadolzburg, der Eschenausteg für Fußgänger und die Forsthaus-Brücke.

Links liegen nun die Sportanlagen des TV 1860. An der Graf-Stauffenberg-Brücke in **Unterfürberg** liegt der Kanal wieder tiefer als das Gelände. Unter dem Fürberger Steg geht es hindurch — hier führt der Blaustrich-Weg nach Westen durch Fürther Stadtwald und Zirndorfer Forst zum 6,5 km entfernten Bahnhof Cadolzburg (R 11), Rückfahrt nach Fürth möglich. Die breite Theodor-Heuß-Brücke leitet die Südwesttangente vom Kanalhafen Nürnberg zur B 8 weiter. Die nahe Eisenbahnbrücke trägt die Hauptstrecke nach Würzburg; die „Zenngrundbahn" nach Markt Erlbach (R 12) zweigt weiter westlich, in Veitsbronn, ab. Ein Nebengleis läuft am rechten Kanalufer vom Bahnhof Fürth-Unterfürberg zum etwa 2,5 km entfernten Fürther Kanalhafen bei Atzenhof. Unmittelbar hinter der Eisenbahnbrücke liegt der kleine Fürther Sportboothafen. Kurz vor der Würzburger Brücke mit der Bundesstraße 8 kann die Wasserstraße durch ein mächtiges Kanaltor abgesperrt werden. Sollte ein Schaden auf der 20 Kilometer langen Haltung zwischen der Schleuse Kriegenbrunn und der Schleuse Nürnberg auftreten, kann hier das Stahltor herabgelassen werden und verhindern, daß das gesamte Wasser dieses Abschnitts ausläuft. Dieses Tor wurde erst nach der Fertigstellung des Kanals eingebaut.

Nürnberg—Röthenbach bei Schweinau bis Fürth-Burgfarrnbach Ost 12 km

Rückfahrt mit Bus 172 ab Hafenstraße (östl. der Kanalbrücke) bis Unterfarrnbach Bahnhof, von dort mit der R 2 nach Nürnberg; Bahnhof Burgfarrnbach 1,5 km westlich des Kanals, Strecke R 12 bis Bahnhof Fürth.

Das Farrnbachtal quert der Kanal auf einem Damm, eine Trogbrücke war nicht notwendig. Hier befindet sich die Fahrgastlände Fürth 1 an der Hafenstraße (erreichbar mit der Buslinie 172). Wenn man die Farrnbacher Brücke und später die Hafenbrücke passiert, ist man bereits in freiem Gelände außerhalb der Bebauung. Von hier aus können die Kanalwege auf beiden Ufern benutzt werden.

Nun ist man am Fürther Kanalhafen in **Atzenhof** angelangt. Auf der Ostseite (rechts) sieht man Hafenkräne; Lagerhallen und ein Industriegelände breiten sich aus. Im Norden des Hafens können große Schiffe wenden.

Am linken Kanalufer fällt nun das Gelände steil ab. Gegenüber erhebt sich der hohe Fürther „Schuttberg". Die Trogbrücke über die Zenn bei Flexdorf sowie über die Straße von Vach zum Hafen ist die zweitlängste im Verlauf des Main-Donau-Kanals.

Die Häuser von **Fürth-Vach** im Osten stehen unmittelbar am Kanal. Das linke Kanalufer dagegen grenzt bis kurz vor Frauenaurach an Ackerland. Der Michelbach und die Straße Vach — Ober- und Untermichelbach müssen auf einer Trogbrücke überquert werden. Einen guten Kilometer weiter nördlich verläuft die Straße von Vach nach Herzogenaurach ebenfalls unter einer Trogbrücke. Kurz darauf verläßt der Kanal das Fürther Stadtgebiet.

Nürnberg — Röthenbach bei Schweinau bis Fürth-Flexdorf 14 km, bis Fürth-Vach Nord 16 km

Zum Fürther Bahnhof ab Flexdorf mit Bus 173, Haltestelle unterhalb der Trogbrücke, Stadelner Straße; ab Vach Nord nach Fürth oder nach Erlangen mit Bus 201, Haltestelle über Herzogenauracher Straße nach Südosten zu erreichen; für Radfahrer Bahnhof Vach über Herzogenauracher Straße — Brückenstraße — Mannhofer Straße nach Osten, an der Bahn entlang nach Süden, 2,5 km, mit Strecke R 2 zurück nach Nürnberg.

Von Fürth nach Erlangen

Der Main-Donau-Kanal überquert östlich von Hüttendorf nochmals einen kleinen Bach. Ab der Straßenbrücke Erlangen — Hüttendorf verläuft der Kanal bis Erlangen Nord für acht Kilometer fast gerade nach Norden. Kurz vor der Autobahnbrücke der A 3 erreicht man die Schleuse Kriegenbrunn. Ihre Hubhöhe beträgt 18,30 Meter, die Länge 190 Meter und die Breite 12 Meter. Bis zur nächsten Schleuse bei Erlangen sind es 7,5 Kilometer. Der Kanalweg geht westlich der Schleuse an den drei Vorratswasserbecken vorbei zur kleinen Brücke nördlich der Schleuse.

Von dieser Brücke aus kann man zwei kurz Abstecher zu Flur-
denkmalen im Kiefernwald östlich des Kanals machen. Dazu
muß man bis zum eingezäunten Umspannwerk gehen. Hinter
dem Zaun befindet sich ein mittelalterliches Steinkreuz, etwa
1,30 Meter hoch und ebenso breit. Solche Kreuze sind meist
Sühnekreuze für eine Totschlag aus der Zeit vor 1533, der Ein-
führung der Halsgerichtsbarkeit Kaiser Karls V. Wendet man
sich an der Brücke nicht nach Norden, sondern beim Wohn-
haus nach Süden in den Wald, gelangt man nach knapp 100
Metern an eine Eiche. Rund 25 Meter östlich (links) des Wegs
im Brombeergestrüpp steht ein Gedenkstein mit der Inschrift:
„Vorgeschichtliches Sippengrab um 600 v.Chr. Freigelegt 1930.
Heimatverein Erlangen". Bei den damaligen Ausgrabungen
fand man mehrere Halsringe aus der späten Hallstattzeit.
Der Weiterweg am Kanal nach Norden ist hier nur am Westufer
möglich. Gleich hinter der Unterquerung der Brücke der A 3
Nürnberg—Würzburg ist man auf gleicher Höhe mit dem Groß-
kraftwerk Franken II auf der Kanal-Ostseite. Das Kohlekraftwerk
wurde an der Wasserstraße errichtet, um die direkte Anlieferung
von Koks zu ermöglichen. Fast immer sind hier Kohlenschiffe
beim Entladen zu beobachten. Das Kühlwasser bezieht das
Kraftwerk aus der weiter östlich verlaufenden Regnitz.
Auf der Brücke im Norden der Kraftwerkslände überqueren die
Sylvania-Straße und die Bahnlinie nach Herzogenaurach den
Kanal. Der Personenverkehr auf dieser Strecke ist eingestellt, es
gibt nur noch Güterverkehr. Ab hier begleitet ein Industriegleis
zum Erlanger Hafen den westlichen Uferweg. Links liegt **Erlan-
gen-Frauenaurach**. Die evangelische Kirche des Ortes geht auf
das Gotteshaus eines Dominikanerinnenklosters aus dem 13.
Jahrhundert zurück. Die namengebende Aurach muß in einem
Durchlaß den Kanaldamm queren und mündet weiter östlich in
die Regnitz. Frühere Kanalplanungen sahen hier ein Wasserkraftwerk an der aufgestauten Aurach vor. Doch wäre die Ener-
giegewinnung im Vergleich zum jetzigen Kohlekraftwerk sehr
gering gewesen.
Nach der Straßenbrücke Frauenaurach—Erlangen-Bruck (Nie-
derndorfer Straße/Herzogenauracher Damm) schließt sich ans

Westufer Industrie- und Hafengelände an, am Ostufer liegt die Personenlände Erlangen.

Nürnberg—Röthenbach bei Schweinau bis Hafen Erlangen-Büchenbach 23 km; von Fürth-Burgfarrnbach Ost 11 km
Rückfahrt mit Bus 201 ab Hafen zum Bahnhof Erlangen oder über Fuß- und Radwegbrücke Büchenbach—Wöhrmühle, 2,5 km

Von Erlangen nach Forchheim

Der Erlanger Hafen ist verhältnismäßig klein und besitzt nur ein Wendebecken. Als Fuß- oder Radwanderer muß man hier für eine kurze Strecke den Kanal verlassen. Zunächst geht es durch die Straße Am Hafen zur Frauenauracher Straße, dann unterquert man den Büchenbacher Damm/Adenauerring, der auch den Kanal überbrückt; ein beschilderter Fußweg leitet zurück zum Kanal. Der schmale Kapellensteg für Fußgänger und Radfahrer verbindet Erlangen mit Büchenbach. Auf der Westseite des Kanals liegt eine markante Hochhaussiedlung.
Der Blick auf Erlangen östlich des Regnitztals inspirierte Friedrich Lehmann 1831 zu folgendem Vers in romantischer Begeisterung:

Musenstadt in grünen Matten
Es bewachet Hermanns Schatten
Seine deutschen Enkel hier.
Du Athen im Frankenlande
Dich umschlingen schöne Bande
Glücklich wohnt es sich in dir.

Der Büchenbacher Steg ist ebenfalls den Fußgängern und Radfahrern vorbehalten, im Gegensatz zum folgenden vierspurigen Kosbacher Damm/Adenauerring zwischen der Erlanger Innenstadt und Büchenbach. Zwischen Kanal und **Alterlangen** be-

Am Main-Donau-Kanal in Erlangen

gleitet ein Streifen Kiefernwald das Ostufer. Im Norden von Alterlangen führt mit dem Membacher Steg nochmals ein Fußgänger- und Radsteg über die Wasserstraße. Ab hier bis zur Schleuse Hausen südlich von Forchheim kann man auf beiden Seiten des Kanals weiter(rad)wandern. Hinter der Straßenbrücke Erlangen—Dechsendorf verläuft der Kanal wieder durch unbebautes Gelände. Das Ostufer des Kanals ist als kleiner Betriebshafen ausgebaut.

Der alte Ludwig-Donau-Main-Kanal war hier zwischen der Regnitz und dem Erlanger Burgberg eingezwängt; seine Trasse nimmt inzwischen die A 73 ein. Das Kanal-Denkmal am Eisenbahntunnel des Burgbergs war sozusagen der „Schlußstein" des Ludwigskanals und gleichzeitig die erste Fracht von Kelheim nach Norden Ende August 1845. Direkt am Denkmal mußten die Schiffe eine Schleuse und eine Brücke über die Schwabach passieren.

Zurück zum Europakanal: Die Schleuse Erlangen-Möhrendorf wurde 1970 fertiggestellt und hat eine Hubhöhe von 18,3 Metern. Nach der Schleuse liegt der Kanal tiefer als das umgebende Gelände; von hier sollte man auf der Westseite auf dem oberen Weg bleiben, weil dieser besser ist als der Weg direkt an der Wasserstraße. Neben dem Kanal fließt bis Kleinseebach der (kanalisierte) Seebach; ein Teil seines Wassers wird nach etwa 800 Metern in den Kanal eingeleitet. Der Bach mündet in Kleinseebach endgültig in den Kanal, während er früher der Regnitz zufloß.

Westlich des Kanals empfiehlt sich die waldreiche Weiherlandschaft des östlichen Rangaus als vielgestaltiges Wander- und Erholungsgebiet. Der verhältnismäßig dünn besiedelte Bereich mit den Bischofsweihern erstreckt sich bis zur Autobahn A 3, doch geschützte Feuchtgebiete finden sich auch westlich davon inmitten zahlreicher Weiler und Dörfer. Wo man die Einmündung des Seebach-Kanals überquert, bieten sich der mit 1 und 2 markierte Weg in südwestliche Richtung für einen Abstecher nach Dechsendorf (ca. 3 km) oder ausgedehntere Wanderungen im Staatsforst Mark an.

Die nächste Straßenbrücke quert in **Erlangen-Möhrendorf** den Kanal. Der Ort ist bekannt durch die alten Wasserschöpfräder an der Regnitz. Wanderer können hier den Weg entlang des Kanals beenden, durch Möhrendorf nach Osten, auf der Brücke über die Regnitz und weiter bis zur A 73 gehen. Dort führt ein markierter Weg zwischen Autobahn und Regnitz zurück nach Erlangen (ca. 4,5 km).

Auf der Westseite des Kanals liegt dagegen **Kleinseebach**; eine Brücke führt vom Ort nach Möhrendorf und in die Regnitzauen. Nach Osten hin öffnet sich ein guter Fernblick auf die Vorberge der Fränkischen Schweiz. Etwa einen Kilometer nördlich von Kleinseebach gelangt man zur Straßenbrücke Baiersdorf — Röttenbach.

Nürnberg — Röthenbach bei Schweinau bis Erlangen-Möhrendorf 27 km; Hafen Erlangen bis Erlangen-Möhrendorf 6 km
zum Bahnhof Bubenreuth 2 km (R 2 nach Nürnberg); zum Bahnhof Erlangen mit Bus 254
Nürnberg — Röthenbach bei Schweinau bis Baiersdorf 32 km; Hafen Erlangen bis Baiersdorf 11 km
zum Bahnhof Baiersdorf (R 2 nach Nürnberg) über die Straßenbrücke, 1,5 km (mit Markierung Grünstrich)

Nach Westen führt diese Straßenbrücke zu markierten Rundwegen im schon genannten Markwald. Der Name bezeichnet einen Grenzwald zwischen dem Bistum Bamberg und dem „Markgrafentum Bayreuth unterhalb des Gebirges" — gemeint ist damit die Fränkische Schweiz. Die heutige Grenze zwischen Ober- und Mittelfranken ist rund 1,5 Kilometer nach der Baiersdorfer Brücke erreicht. Weitere zwei Kilometer sind es noch bis zur Schleuse Forchheim-Hausen. Ihre Hubhöhe beträgt 12 Meter; auf der Ostseite betreibt die Rhein-Main-Donau AG ein kleines Flußkraftwerk an der Regnitz.

Hier muß man am Westufer bleiben, weil man auf der anderen Seite des Kanals nicht weiterkommt: Nach etwa 600 Metern fließt die Regnitz in den Kanal; in dessen Bett bleibt sie mit Ausme des Forchheimer Schleusenbereichs bis Neuses. Über beide Wasserarme führt die Straße von der B 4 nach **Hausen** (weiter über die A 73 zum Haltepunkt Kersbach 1,5 km).

Die Bahnstrecke nach Höchstadt an der Aisch, die nun den Kanal quert, wird nur noch für den Güterverkehr benutzt. Jenseits von Kanal und Autobahn verkehren jedoch auf der Strecke 821 (R 22) noch Züge im Wiesenttal bis Ebermannstadt (samstags, sonn- und feiertags Busse, 8222). Auf der stillgelegten Verlängerung bis Behringersmühle über Muggendorf fahren an bestimmten Verkehrstagen historische Dampf- und Dieselloks des Vereins Dampfbahn Fränkische Schweiz (Strecke 12821).

Am Westufer öffnet sich ein Baggersee; das Ostufer bildet hier die Forchheimer Lände mit Industriegebäuden. Der Weg am Kanal überquert nun ein kleines Altwasser, rund 700 Meter weiter mündet von Osten der Trubbach in den Kanal. Wenig später trifft man auf die Sport- und Freizeitanlage der Stadt **Forchheim**. Der Weg endet an der alten Regnitzbrücke; sie verband früher als einzige Straße Burk und Buckenhofen mit der östlich gelegenen Altstadt von Forchheim. Die doppelte Bogenbrücke mit der Marien- und der Nepomukfigur sowie dem Forchheimer Wappen auf der Südseite überspannt heute nur noch ein Regnitzaltwasser. Zwischen dem Bootshafen in diesem Altwasserarm und dem Campingplatz gelangt man auf einem mit Blauring gekennzeichneten Weg wieder zur kanalisierten Regnitz. Die Ufer der Wasserstraße sind mit Erlen und Büschen gesäumt und nicht mehr nur kahler Beton wie bisher.

Nun geht es unter der Straßenbrücke von Forchheim nach Buckenhofen hindurch; ein Abstecher über die Brücke in die Stadt lohnt sich aber durchaus. Im 8. Jahrhundert als fränkische Siedlung begründet, war Forchheim „Pfalz", Aufenthaltsort der fränkischen Könige auf ihren Regierungsreisen. Die Stadtpfarrkirche St. Martin, die seit 890 besteht, das Amtsschloß und viele Fachwerkhäuser erinnern an die mittelalterliche Stadt, die seit 1300 ummauert war. Repräsentative Bauten der Barockzeit entstanden, als Forchheim vom Hochstift Bamberg zur „Grenzfestung" ausgebaut wurde. Im Gebäude der karolingischen Pfalz ist das Museum der Fränkischen Schweiz untergebracht. An den gleichnamigen Naturpark mit vielfältigen Wander- und Ausflugsmöglichkeiten grenzt das Forchheimer Stadtgebiet im Westen.

Nürnberg—Röthenbach bei Schweinau bis Forchheim (Reg-nitzbrücke) 39 km; ab Hafen Erlangen 17 km
zum Bahnhof durch die Innenstadt 2 km

Von Forchheim nach Bamberg

Nördlich der Stadt hat die Regnitz ein starkes Gefälle, so daß sich Fluß und Kanal für etwa 1,5 Kilometer trennen müssen. Dieses Gefälle nutzt das Laufkraftwerk der Rhein-Main-Donau AG zur Stromerzeugung. Hier geht eine Brücke über den Fluß, deren anschließende Straße zur Schleuse Forchheim-Buckenhofen führt. Mit 5,29 Metern hat sie die niedrigste Hubhöhe aller 16 Schleusen am Main-Donau-Kanal zwischen Bamberg und Kelheim.

Vom Kraftwerk bis Neuses empfiehlt sich der besser ausgebaute, mit Büschen bestandene Weg am Westufer des „Flußkanals" für die Radfahrer. Ob Fußgänger den teils unbefestigten Trampelpfad im Osten gehen wollen, liegt auch am Wetter: Bei Nässe und Regen kann das Laufen hier unangenehm werden.

Der Westweg ist vom Kraftwerk an ausgeschildert. Er folgt zunächst der Regnitz, biegt dann aber auf die Straße nach Pautzfeld ab. Auf dieser Fahrstraße bleibt man für zwei Kilometer.

Um auf den östlichen Weg zu gelangen, benutzt man das Sträßchen zur Schleuse Forchheim. Im Gegensatz zu den anderen Schleusen — ausgenommen die beiden Altmühlstaustufen — hat sie keine Wassersparbecken. Sie erübrigen sich durch den Zufluß der Regnitz, der mit Wiesent und Trubbach stets genügend Wasser zugeführt wird.

Zuerst geht es auf der Ostseite noch auf geschottertem Weg weiter, bald darauf ist er unbefestigt. Hier säumen Weidenbäume den Fluß, der nun nördlich der Schleusen wieder eine Einheit mit dem Kanal bildet. Die Einmündung des Sittenbaches und das umzäunte Gelände des früheren Ölhafens Eggolsheim muß rechts (östlich) umgangen werden. Die Lagertanks wurden abgebaut; der Bereich dient nun als Industriegebiet. An einem Altarm der Regnitz vorbei gelangt man zum Flußufer zurück. Die Brücke über ein weiteres Regnitzaltwasser leitet zur Aischstraße nach Neuses.

Hierher gelangt der Wanderer auf dem Westweg von **Pautzfeld** über die große Regnitz-Straßenbrücke. Kurz vor der Brücke steht eine kunstvolle Christopherusfigur aus Stein. Die hohe Brücke bietet einen Überblick auf die kanalisierte Regnitz. Im Norden sieht man die erneute Trennung von Fluß und Kanal nach etwa 600 Metern.

In **Neuses** bringt gleich die erste Straße nach Norden die Wanderer wieder zum Main-Donau-Kanal. Das trockene Bett des alten Ludwigskanals begrenzt den Ort im Westen. Nahe des Europakanals steht ein ehemaliges Kanalwärterhaus mit der Traufseite zu den Mauerresten der einstigen Schleuse 95. Die Dämme des alten Kanals blieben als Geländedenkmale erhalten.

Nach einer Straßenbrücke über den neuen Kanal kann hier wie bereits in Fürth an der Würzburger Brücke ein Kanaltor den Wasserlauf sperren. Die Regnitz fließt ab Neuses in weiten Schleifen westlich des Kanals nach Norden und nimmt nordöstlich des Ortes die Aisch als ihren größten westlichen Nebenfluß auf. In Neuses selbst findet man östlich der B 4 den Bahnhof Eggolsheim (1 km vom Kanal entfernt).

Bis zur Schleuse Strullendorf ist das Westufer des Kanals wieder günstiger für Wanderer. Auf dieser Seite stehen alte Pappeln in unregelmäßiger Reihe. In den dreißiger Jahren wurde nördlich von Hirschaid ein sogenanntes Laufkraftwerk gebaut. Es bedurfte natürlich einer möglichst gleichbleibenden Wasserzufuhr. Um sie zu erreichen, gab es zwei Möglichkeiten: Entweder man staute kilometerweit die Regnitz, was wegen der flußnahen Orte und der landwirtschaftlichen Flächen in der Talaue nicht zu verantworten war, oder man baute einen Zubringerkanal von gleichmäßiger Breite und Tiefe. Die zweite Lösung kam zur Ausführung; nordwestlich von Neuses — etwa an der Stelle, wo sich heute Kanal und Regnitz trennen — begann der rund acht Kilometer lange Zubringerkanal. Er war etwa 35 Meter breit und verlief fast parallel zum alten Ludwigskanal. Zu beiden Seiten pflanzte man je eine Doppelreihe Pappeln an.

Das Flußkraftwerk Hirschaid ist weiterhin in Betrieb. Die Wasserzufuhr gewährleistet heute der neue Kanal. In seinem 55 Meter breiten Bett verschwand die Trasse des alten Kanals völlig. Der ehemalige Zubringerkanal ist mitsamt seiner Pappelallee noch auf einer Länge von etwa einem Kilometer zwischen Neuses und Altendorf westlich des heutigen Kanals zu sehen. Südlich von **Altendorf** trifft der Kraftwerks-Kanal auf den Europakanal.

Am Ostufer steht ein Betonwerk; es erhält Sande des Regnitztals über ein den Main-Donau-Kanal überspannendes Förderwerk. Unmittelbar vor Altendorf quert eine elegant geschwungene Brücke den Kanal. Ab hier begleitet ein markierter Radweg die Wasserstraße nach Norden. Auf dem Weiterweg kann man gut das Regnitztal bis Sassanfahrt — die alte „Sachsenfurth" — überblicken.

Kurz vor **Hirschaid** auf der Ostseite ist das alte Kanalwärterhaus der Schleuse 96 des Ludwigskanals neben dem neuen Kanal erhalten geblieben. In Hirschaid überspannt eine Straßenbrücke den Kanal. Im Wiesengrund zwischen Regnitz und Kanal steht das Hirschaider Hallenbad mit Gastwirtschaft.

Nürnberg—Röthenbach bei Schweinau bis Altendorf 48 km; von Forchheim 9 km
zum Bahnhof Buttenheim (Strecke 820) von der Brücke südlich Altendorf, markierter Radweg, 1 km
Nürnberg—Röthenbach bei Schweinau bis Hirschaid 51 km; von Forchheim 12 km
zum Bahnhof Hirschaid von der Brücke am Hallenbad 1 km

Hinter Hirschaid verläuft der Kanal in einem Kiefernwald, „Hirschaider Büsch" genannt; auch das oben erwähnte Kraftwerk steht hier. Man muß nun über die Brücke des Kraftwerk-Abflußkanals gehen, der nach kurzem Lauf in die Regnitz mündet. Nun führt der Weg zur Schleuse Strullendorf. Sie hat eine Hubhöhe von 7,41 Metern und ein Wassersparbecken. Nördlich der

Schleusenbrücke überspannt eine Bahnbrücke den Kanal. Die Strecke von **Strullendorf** nach Ebrach wird nur noch für Güterverkehr genutzt. Diese eingleisige Bahnbrücke war die erste, die man über den neuen Kanal baute, und ist die einzige in seinem Verlauf ohne eine seitliche Stahlgitterkonstruktion. Gleich am nordöstlichen Schleusenturm geht eine Treppe abwärts. Auf ihr erreicht man den Anschluß an den Weiterweg nach Bamberg. Fahrräder müssen getragen werden.

Nürnberg—Röthenbach bei Schweinau bis Strullendorf 55 km; von Forchheim 16 km
zum Bahnhof Strullendorf (Strecke 820) nach Osten 1 km

Etwa 500 Meter hinter der Schleuse überquert die B 505 den Kanal, die Zubringerstraße von Bamberg zur A 3. An der Ostseite des Kanals fließt der Strullendorfer Bach der Regnitz zu. Er unterquert als Düker den Kanal. Die Anlage ist einer näheren Besichtigung wert. Gleich danach folgt eine kleinere Wegbrücke. Von hier aus kann man auf beiden Ufern markierten Radwegen folgen. Nach Osten in den Staatsforst Hauptsmoor nördlich von Strullendorf führt ebenfalls ein Radweg. Das ausgedehnte Waldgebiet wird von einem Wegenetz durchzogen (von der „Kunigundenruh" auch Radweg nach Westen zum Bahnhof Bamberg).
Es geht nun geradeaus nach Nordwesten weiter. Nach den Kiefern des „Sachsenholzes" am Ostufer des Kanals folgen Gärten. Die Kanaltrasse liegt hier wieder etwas höher als die Umgebung. Knapp sechs Kilometer nach der Schleuse Strullendorf gelangt man zur Schleuse **Bamberg** im Süden der Stadt. Sie hat eine Hubhöhe von 10,95 Metern und besitzt drei Wassersparbecken. Von Bamberg aus gezählt ist es die erste Schleuse des Main-Donau-Kanals. Bis zum Hafen von Nürnberg benötigt der Europakanal nur sieben Schleusen im Vergleich zu den 22 des Ludwigskanals auf der fast gleichen Strecke. Die alte Kanaltrasse wurde nach der Schleuse 99 in Bughof südlich Bamberg in die wasserreiche Regnitz geleitet. Inmitten der Bamberger

stadt kam dann noch die Schleuse 100; sie blieb einschließlich des Kanalhauses bestehen.

Der heutige Kanal verläuft im ehemaligen Ostarm der Regnitz, der vor etwa 100 Jahren seine jetzigen Linienführung erhielt. Er diente zur Hochwasserfreilegung der Bamberger Altstadt. Im Sommer hatte dieser Regnitzarm meist nur sehr wenig Wasser. Wegen des Main-Donau-Kanals waren Veränderungen an diesem Wasserarm notwendig. Er ist nun tiefer, gleichmäßig wassergefüllt und verschönt das Bamberger Stadtbild. Eine Verbindung zur Regnitz besteht weiterhin. Der Wasserarm der „alten" Regnitz ist durch ein neues Wehr unterbrochen. Vor der Kanalisierung des östlichen Regnitzarmes bestand ein älteres Wehr. Die Wasserzufuhr kann den jeweiligen Bedürfnissen entsprechend geregelt werden.

Im Stadtgebiet von Bamberg überspannen sechs Brücken den kanalisierten Ostarm der Regnitz. Es sind dies von Süden Heinrichs-, Marien-, Luitpold-, Ketten-, Europa- und Löwenbrücke. Den kanalisierten Flußarm begleiten auf beiden Seiten Straßen. Zum Bahnhof gelangt man am besten von der Luitpoldbrücke über die Lessingstraße nach Nordosten zur Luitpoldstraße, die in der Ludwigstraße am Bahnhof endet. Die sehenswerte Altstadt Bambergs ist am einfachsten von der Kettenbrücke aus nach Südwesten (links) zu erreichen; die Fußgängerzone beginnt nach etwa 100 Metern in der Hauptwachstraße. Über den Grünen Markt mit der beherrschenden St.-Martins-Kirche — im angrenzenden ehemaligen Jesuitenkolleg sind Teile der Universität Bamberg untergebracht — und durch das Alte Rathaus über die Regnitz oder auf der Dominikanerstraße — mit Blick auf „Klein Venedig" und einen alten Hafenkran — gelangt man etwas weiter westlich zum Domberg mit Dom, Kapitelhaus, Alter Hofhaltung, Neuer Residenz und den Domherrenhöfen. Der „Klein-Venedig" genannte Uferstreifen beherbergte einst die Regnitzfischer. Neben ihren kleinen Häusern steht hier auch das Zunfthaus aus dem 14. Jahrhundert und das in den Fluß hinein gebaute barocke ehemalige Schlachthaus. Der staufisch geprägte Dom ist mit meisterhaft gestalteten Skulpturen geschmückt. Die Alte Hofhaltung geht auf eine kaiserliche und bischöfliche Pfalz zurück und gilt als Keimzelle Bambergs. Der heutige Bau stammt aus der Renaissancezeit. Sehenswert ist das „Reiche Portal". Die Domherrenhöfe haben teils ihr mittelalterliches Aussehen bewahrt, teils stammt ihr Äußeres aus der Barockzeit. Die Neue Residenz der Bamberger Fürstbischöfe entstand zu Beginn des 18. Jahrhunderts; ihr Baumeister war J. L. Dientzenhofer. Im Norden der Bischofsstadt liegt die ehemalige Benediktinerabtei St. Michael; in ihrem Bereich befindet sich auch ein Brauereimuseum. Am Fuß des Dombergs dagegen erhebt sich der gotische Bau der „Oberen Pfarre", die Kirche Zu unserer Lieben Frau. Die Stiftung der Bamberger Bürger wurde im 14. Jahrhundert erbaut. Das Kircheninnere ist barockisiert. St. Jakob westlich des Domkomplexes und St. Stephan unterhalb der „Oberen Pfarre" wurden, wie auch der Vorgängerbau des Doms, zu Beginn des 11. Jahrhunderts gegründet. Das Karmelitenkloster westlich der „Oberen Pfarre" ist ursprünglich ein Bau der Zisterzienser aus dem 12. Jahrhundert.

Der neue Bamberger Hafen, um 1960 erweitert und modernisiert, liegt im Nordwesten der Stadt (von der Löwenbrücke aus weiter auf dem Margaretendamm). Etwa 1,5 Kilometer hinter den Hafenbecken und der Straßenbrücke der B 26 mündet bei **Bischberg** die kanalisierte Regnitz in den von Nordosten kommenden Main. Bischberg ist Halt einer Bamberger Buslinie.

Radler, die um Bamberg den Kanal in einen Rundweg einbeziehen wollen, können — von Hirschaid oder Strullendorf kommend — nicht nur durch den Staatsforst Hauptsmoor östlich der Stadt zu ihrem Ausgangspunkt zurückkehren. Auch westlich von Bamberg, im Michaelsberger und Weipelsdorfer Wald, gibt es Rad- und Fußwege. Im Süden der Altstadt, an der B 22, führt ein Radweg durch den Bruderwald nach Erlach und weiter nach Hirschaid.

Nürnberg—Röthenbach bei Schweinau bis Bamberg 62 km, vom Hafen Erlangen 40 km, von Forchheim 24 km
Rückfahrt vom Bahnhof Bamberg mit dem Zug, Strecke 820

Hochwassersperrtor bei Neuses

"Am Kranen" in Bamberg

DER MAIN-DONAU-KANAL VON NÜRNBERG BIS DIETFURT AN DER ALTMÜHL

Auf die Strecke südlich von Nürnberg am Europakanal trifft nur bedingt zu, was bei der Strecke nach Bamberg gesagt wurde. Verhältnismäßig rasch verläßt der Kanal den großstädtischen Bereich und durchzieht eine Landschaft, in der sich Ortschaften, Ackerland und kleine Waldstücke abwechseln. Schließlich tritt die Wasserstraße in das große Forstgebiet östlich von Roth ein. Die Bahnlinie Nürnberg – Treuchtlingen verläuft nur bis Roth parallel zum Kanal; eine Stichbahn führt noch bis Hilpoltstein. Dafür gibt es viele Möglichkeiten, eine Kanalstrecke in eine ausgedehnte Rundwanderung einzubeziehen: durch Verbindungswege zwischen altem und neuem Kanal, durch die Wander- und Radwege im Landkreis Roth und die „großen" Radwege, die in den folgenden Kapiteln beschrieben werden. Mehrere Bahnhöfe an der Strecke R 6 Nürnberg – Roth lassen sich in eine Wanderung einbeziehen; Eckersmühlen und Hilpoltstein an der Strecke R 61 werden samstags, sonn- und feiertags nur mit dem Bus (8966) bedient. Auch eine Schiffahrtsstrecke läßt sich vom 1. Mai bis Mitte September in einen Ausflug südlich von Nürnberg einbeziehen: Samstags verkehrt ein Personenschiff am Vormittag von Nürnberg über Roth und Hilpoltstein nach Berching, sonntags nachmittags fährt es in umgekehrter Richtung. Für diese Fahrten sind Voranmeldungen nötig.

Der Ausgangspunkt für eine Tour von Nürnberg zur Schleuse Hilpoltstein ist ebenso wie für die Strecke nach Bamberg die Endhaltestelle der U-Bahnlinie 2 in **Röthenbach bei Schweinau**. Von dort gelangt man in der Ansbacher Straße nach Norden zum Main-Donau-Kanal. Wenn man auf der Südseite der Brücke Schweinauer Hauptstraße/Ansbacher und Weißenburger Straße die Treppe zum Kanalweg hinabsteigt, geht es nach Südosten. Schon nach etwa 350 Metern überspannt eine in den achtziger Jahren erbaute Fußgängerbrücke den Main-Donau-Kanal. Die Brücke wird von einem Stahlmast an Drahtseilen getragen.

Nördlich des Kanals wurde ein Hügel aufgeschüttet. Er besteht aus den von der Hügelstraße bis zur Schleuse Nürnberg ausgehobenen Erdmassen, deren Abtransport zu teuer gekommen wäre. Rund 1200 Meter südöstlich des Ausgangspunktes quert die Bahn den Kanal. Zwei Gleise gehören zur Hauptstrecke Nürnberg—München, eine höher liegende Brücke trägt das Gleis der südlichen Zufahrt zum Rangierbahnhof.

Vor der Einfahrt in den Nürnberger Hafen müssen Schiffe die Schleuse Nürnberg passieren. Hier beginnt die 26,1 km lange Nordrampe des Kanals bis zur Scheitelhaltung östlich der Schleuse Hilpoltstein. Mit Hilfe von fünf Schleusen wird ein Höhenunterschied von 102,9 Metern überwunden. Die Unterwasserhöhe der Schleuse Nürnberg liegt auf 303,1 Meter über NN, die Oberwasserhöhe der Schleuse Hilpoltstein bei 406 Meter. Die Hubhöhe der Schleuse Nürnberg beträgt 9,4 Meter. Sie besitzt nur ein Wassersparbecken. Jede Kanalschleuse ist mit 190 Metern Länge und 12 Metern Breite gleich groß, nur ihre Hubhöhen sind unterschiedlich: Schleuse Eibach 19,49 Meter, die Schleusen Leerstetten, Eckersmühlen und Hilpoltstein sind die höchsten mit je 24,67 Metern, die Schleusen Bachhausen, Berching und Dietfurt folgen mit je 17 Metern, schließlich im Altmühltal noch die Schleusen Riedenburg und Kelheim mit je 8,4 Metern.

An der Schleuse Nürnberg muß man den Kanal überqueren, um auf der Nord- bzw. Ostseite den Hafenbereich zu umgehen. Hier verbreitert sich das Kanalbett und wird von Betonmauern zum Anlegen der Schiffe begrenzt. Zwei Zubringer des Frankenschnellwegs A 73 zum Hafenbahnhof queren den Kanal. Hier beschreibt die Wasserstraße einen Bogen nach Süden. Nach der Brücke Hafenstraße liegt im Westen der Staatshafen Nürnberg. Am Ostufer kommt man an der Fahrgastlände Nürnberg 2 vorbei; der Weg wird ein kurzes Stück von Wald begleitet bis zum 369 Meter hohen bewaldeten „Föhrenbuck". Auf der Westseite stehen Lagerhäuser und Hafenkrane. Im Süden des Hafens zweigt vom Kanalbett ein Becken nach Westen ab, das die Verbindung zum Hafenbecken 1 schafft; man kann es vom Ostufer aus nicht sehen.

Der Staatshafen Nürnberg wurde nach knapp sechsjähriger Bauzeit im September 1972 eröffnet. Seither steigt das Frachtaufkommen stetig, vor allem seit der Kanal durchgängig befahrbar wurde. Im Süden des Hafens, begrenzt von der Wiener Straße, folgt die Schleuse Eibach. Von dieser Brücke ab können Fußgänger und Radfahrer die beiden Uferwege des Main-Donau-Kanals benutzen.

Die Kanaltrasse liegt vorerst erhöht gegenüber der Umgebung, gesäumt von hohen Kiefernwälder. An der Ostseite des Kanals tauchen bald die Häuser von **Weiherhaus** auf. Der Kanal überbrückt eine Straße; sie verbindet den Bahnhof Nürnberg-Reichelsdorf mit Weiherhaus und dem alten Ludwigskanal (Markierung für Radler und Grünpunkt zum Bahnhof Reichelsdorf (R 6) gut 1,5 km, mit Grünpunkt zum Ludwigskanal knapp 3 km, weiter nach Norden mit Blaustrich zur Straßenbahn-Haltestelle Finkenbrunn 3 km). Südlich von Weiherhaus überquert man den Eichenwaldgraben mit den Stockweihern auf der Ostseite, dann folgt die Straßenbrücke Neukatzwang—Weiherhaus (Verbindung zum Bahnhof Reichelsdorfer Keller 1,5 km). Hier bei Kilometer 75 — gerechnet ab Bamberg — gibt es eine Bootsanlegestelle. Über die Straßenbrücke Gaulnhofen—Katzwang einen Kilometer weiter südlich kann man den Bus 52 erreichen und zum U-Bahnhof Bauernfeindstraße zurückfahren (Haltestelle An der Bergleite).

Kurz hinter der Brücke, etwa bei Kilometer 77, kam es am 26. März 1979 zu einem folgenschweren Dammbruch. Die ausströmenden Wassermassen verwüsteten einen großen Teil von **Katzwang**, ein Kind fand den Tod.

Zwei weitere Straßen überbrücken den Kanal, die Verbindung zwischen Katzwang und Kornburg sowie die Autobahn A 6 Nürnberg—Heilsbronn. Der Kanal beschreibt hier einen sanften Bogen. Vom östlich des Kanals gelegenen Weiler Greuth führt der schon erwähnte Blaustrich-Weg (Dr.-Linnert-Weg) in 3,5 Kilometern über Kornburg zum Ludwigskanal bis Wendelstein (von dort aus nach Nürnberg siehe S. 22).

Nur noch einen Kilometer ist die Schwarzachtal-Brücke des Main-Donau-Kanals über das tief eingeschnittene Tal entfernt.

Diese Brücke westlich von Neuses ist die einzige Trogbrücke südlich von Nürnberg. Man kann sie als das moderne Gegenstück zum „Brückkanal" des alten Ludwig-Donau-Main-Kanals südlich von Feucht bezeichnen. Die Länge der Schwarzachtal-Brücke beträgt 90 Meter; sie spannt sich über die Schwarzach und die Straße Penzendorf—Kleinschwarzenlohe. An der Westseite der Brücke verläuft eine Rohrleitung vom Kanal ins Schwarzachtal (siehe S. 79). Mehrere markierte Wanderwege leiten nach Osten ins Schwarzachtal mit Schwarzenlohe, Wendelstein, Röthenbach bei St. Wolfgang und Schwarzenbruck (siehe Streckenbeschreibung Ludwigskanal).

Nürnberg—Röthenbach bei Schweinau bis Schwarzachtal 12 km
Bushaltestelle unmittelbar östlich des Kanals in Neuses (Schwabach—Wendelstein, nur zweimal täglich Montag bis Freitag);
zum Bahnhof Schwabach mit Blaukreuz und Blaustrich ab Neuses bzw. Schwarzach 5,5 km (Strecke R 6 bzw. 910)

Die nächste Straßenbrücke verbindet Leerstetten mit Penzendorf. Bald darauf berühren sich die Kanaltrasse und die westlich davon verlaufende, vierspurig ausgebaute Bundesstraße 2 bei einem Parkplatz.
Kleine Bäche, die früher von Osten dem Rednitztal zuflossen, münden nun in den Kanal. Größere Bäche unterqueren ihn und fließen weiter in die Rednitz. Alle Durchlässe unter dem Kanal sind mit niedrigen Steinen gekennzeichnet, die ein großes schwarzes D tragen.
Bei Kilometer 82,6 ist auf der Westseite des Kanals eine Wendestelle für Schiffe. Auf der folgenden Straßenbrücke zwischen Rednitzhembach und Schwanstetten quert der Radwanderweg Reichswald—Brombachsee, von Röthenbach bei St. Wolfgang kommend, den Kanal (siehe „Radwanderwege in das Fränkische Seenland"); der Rotkreuz-Weg von der Haltestelle Nürnberg-Südfriedhof (ca. 14 km) trifft ebenfalls auf den Kanal; andere markierte Wanderwege begleiten ihn von hier ab.

Die kleinen Orte Mittelhembach im Osten und Oberfichtenmühle im Westen grenzen an den Kanal. Der Hembach unterquert den Main-Donau-Kanal in einem Düker und mündet in Rednitzhembach in die Rednitz. Gleich darauf quert die Straße zwischen Schwanstetten und der B 2. Für rund 11 Kilometer — unterbrochen nur von einigen Lichtungen — verläuft nun der Kanal im Wald, zunächst im Staatsforst Soos.

Auf der geraden Kanalstrecke sieht man schon von weitem das mächtige Schleusentor der Schleuse Leerstetten (bei Kanalkilometer 84,5). Ihre Oberwasserhöhe liegt bei 356,66 Meter, die anschließende Haltung ist 10,7 Kilometer lang. Diese und die zwei folgenden Schleusen Eckersmühlen und Hilpoltstein sind — wie erwähnt — nicht nur die drei höchsten im Kanalverlauf, sondern mit ihrer Hubhöhe von 24,64 Metern auch die derzeit höchsten Kammerschleusen der Bundesrepublik Deutschland.

Nürnberg—Röthenbach bei Schweinau bis Schleuse Leerstetten 17 km

zur Bushaltestelle Schwand (Linie 651, zum Südfriedhof und zur U 1) auf dem Gelbstrich-Weg nach Nordosten;
zum Bahnhof Rednitzhembach (Strecke R 6) bereits 2 km nördlich ab mit Blaupunkt bzw. Radweg 3,5 km

Die Kanaltrasse ist inzwischen aus der Süd- in eine südöstliche Richtung übergegangen. Einen Kilometer hinter der Schleuse steht zwischen Ostufer und Waldrand ein Steinmal, eine jahrhundertealte „Totenrast". Meckenlohe im Süden des Kanals besaß weder Kirche noch Friedhof; so mußten Verstorbene zur Beerdigung nach Schwand getragen werden. Auf den genannten Stein wurde unterwegs der Sarg abgestellt, Träger und Trauerzug legten eine Pause ein. Die Wege von einst sind heute vom Kanal zerschnitten. Erst östlich von Meckenlohe im Finsterbachtal unterquert die Straße nach Harrlach zusammen mit dem Bach den Kanal. In diesem Bereich ermöglichen auf beiden Seiten der Wasserstraße Rundwege Abstecher und die Rückkehr zum Kanal.

Weiter verläuft der Main-Donau-Kanal — wieder mehr in südlicher Richtung — durch den Wald; Meckenloher Holz und Staatsforst Brunnau liegen zur Linken, zur Rechten bald der Rother Stadtwald. Bei Kilometer 89,6 wird der Brunnbach überquert; er mündet bei Pfaffenhofen in die Rednitz. Rund 600 Meter weiter südlich führt die Straße Roth—Allersberg über den Kanal. Kurz danach erweitert sich das Kanalbett zur Lände Roth: Güterlände, Anlegestelle für Fahrgastschiffe und Bootstreppen sowie eine Schiffswendestelle. Das Industriegelände schließt sich an der Westseite des Kanals an. Das Waldgebiet im Osten — erschlossen durch mehrere reizvolle Rundwege — mit dem 392 Meter hohen „Teufelsknopf" und den Weilern Eichelburg und Heubühl auf der gerodeten Hochfläche gehört bereits zum Bereich des Rothsees.

In einem weiten Bogen schwenkt der Main-Donau-Kanal nun in südöstliche Richtung. Bei **Eckersmühlen** überquert eine Forststraße das tiefer liegende Kanalbett. Von hier aus bzw. bereits zuvor mit dem Rundweg 3 kann man in südwestliche Richtung nach Eckersmühlen und weiter zum historischen Eisenhammer an der Roth gelangen (ca. 2,5 km). Das lebendige Beispiel alter Industriekultur ist einen Besuch wert; von April bis Oktober ist das Museum von Mittwoch bis Sonntag von 13 bis 17 Uhr geöffnet (Tel. 09171/4784).

1,7 Kilometer weiter am Kanal, bei **Haimpfarrich**, bildet ein großer Düker den Durchlaß für die Kleine Roth, die an der Leonhardsmühle in die Roth mündet.

Im Osten des Kanals entstand die „Talsperre Kleine Roth". Dieser **Rothsee** ist Bestandteil des Fränkischen Seenlandes und des Überleitungsprojektes von Donauwasser in den fränkischen Raum. Der Rothsee weist rund 220 Hektar Wasserfläche auf; das entspricht dem Schliersee in Oberbayern. Der Stauraum beträgt 10,3 Millionen Kubikmeter Wasser.

Der Rothsee ist in eine Vorsperre und eine Hauptsperre unterteilt. Die Vorsperre wurde 1989 geflutet, die Hauptsperre 1993. Der Zwischendamm bei **Birkach** ist elf Meter hoch und aus dem Stauraum-Aushub aufgeschüttet. Die Vorsperre mit gleichbleibendem Wasserstand ist etwa zur Hälfte geschützte Flachwasserzone, zur anderen Hälfte dient sie dem Wassersport. In der Hauptsperre kann der Wasserspiegel bis zu sieben Meter schwanken.

Den Hauptzweck erfüllt der Rothsee als Ausgleichsbecken für Donauwasser, das in den wasserärmeren nordbayerischen Raum übergeleitet wird. So kann die Wassermenge der Rednitz, Regnitz und damit letztlich auch des Mains erhöht werden. Wasser aus dem Kanal wird oberhalb der Schleuse Eckersmühlen in einer unterirdischen Rohrleitung von 285 Metern Länge dem Rothsee zugeleitet. Im Gegensatz zur Vorsperre wechselt der Wasserstand der Hauptsperre: Das Stauziel liegt bei 374,2 Metern, das Absenkziel bei 367,2 Metern. Das ablaufende Wasser wird zur Stromerzeugung genutzt. Danach wird das Wasser in einem kleinen unterirdische See gespeichert und gleichmäßig in den Kanal und in die Kleine Roth abgegeben. Die Rednitz erhält ihr Wasser nicht allein über die Kleine Roth. Im Kanal wird es bis zur Trogbrücke über die Schwarzach geleitet; dort führt westlich von Neuses ein Abflußrohr in die Schwarzach, die östlich von Schwabach in die Rednitz mündet.

An der Schleuse Eckersmühlen bei Haimpfarrich ist man dem 11,2 Meter hohen Damm der Hauptsperre sehr nahe. Die Vorsperre ist vom Main-Donau-Kanal aus über die Straße nach Allersberg zu erreichen. Fuß- und Radwege gehören wie Lehrpfade, Aussichtspunkte, Badestrände oder Bootsanlegestellen zu den Freizeit-Einrichtungen am Rothsee. Auskunft über den Bau der „Talsperre Kleine Roth" erteilt eine Informationstafel an der Fluß- und Seemeisterstelle. Man findet sie, wenn man von der Straßenbrücke Hilpoltstein—Allersberg etwa einen Kilometer nach Norden geht bzw. fährt.

Nürnberg—Röthenbach bei Schweinau bis Schleuse Eckersmühlen 27 km

Bahnhof Eckersmühlen (Strecke R 61) mit Rundweg 3 nach Süden, 2,5 km, samstags, sonn- und feiertags nur Busverkehr (8966).

Die Schleuse Eckersmühlen gleicht in ihren Maßen der Schleuse Leerstetten. An der Brücke bei der Schleuse kreuzen die Radwanderwege Ludwigskanal—Rothsee und Rothsee—Brombachsee den Kanal (siehe „Radwanderwege in das Fränkische Seenland"). Ab hier gibt es für etwa 1,5 Kilometer nur auf der Südseite des Kanals einen befahrbaren Weg. Im Süden ist **Hilpoltstein** etwa 1,5 Kilometer entfernt (Rundweg 2, weiter zum Bahnhof mit 11 sind es 2 km). Nördlich des Kanals liegt das Dörfchen **Heuberg** auf 403 Meter Höhe. Am Südufer verbreitert sich die Wasserstraße bei Kilometer 96 zur Lände Hilpoltstein.

Hier im Keupergebiet zwischen Rednitzbecken und Albaufstieg liegt die Kanaltrasse nicht mehr in der geologischen Schicht des Burgsandsteins, sondern im sogenannten Feuerletten.

Den Namen und den merkwürdigen Grundriß seines Stadtkerns verdankt Hilpoltstein dem Ausbau um 1300 durch Hilpolt von Stein. Seine Burg, Anfang des 12. Jahrhunderts von den Grafen von Abenberg erbaut, ist seit dem 18. Jahrhundert eine Ruine. Hofkasten, Herzogliche Residenz und andere mittelalterliche Bauten blieben dagegen erhalten.

Nordöstlich von Hilpoltstein kreuzt die Straße Hilpoltstein—Freystadt den Kanal. Die Häuser der Hilpoltsteiner Ortsteile **Altenhofen** im Norden sowie Aumühle und Auhof/Schafhof im Süden liegen unmittelbar an der Wasserstraße. Nur vier Kilometer hinter der letzten Schleuse endet bei Kilometer 98,5 die Haltung Eckersmühlen an der Schleuse Hilpoltstein, die dritte der großen Schleusen. An ihrer Westseite entstand ein Wasserkraftwerk.

Nürnberg—Röthenbach bei Schweinau bis Schleuse Hilpoltstein 32 km

Bahnhof Hilpoltstein (Strecke 61), ca. 4 5 km, samstags, sonn- und feiertags nur Busverkehr (8966)

Das aus der Donau hochgepumpte Wasser, das im Rothsee gespeichert wird, fließt hier durch die Turbine in die Haltung Eckersmühlen und vor der gleichnamigen Schleuse in den

Rothsee. Die Menge des Wassers aus der Donau soll 125 Millionen Kubikmeter jährlich betragen. Das von der Altmühl in den Brombachsee übergeleitete Wasser, das in Schwäbische Rezat, Rednitz und Regnitz weiterfließt, beträgt „nur" 25 Millionen Kubikmeter. Das Wasser des Brombachsees wird nur abgelassen, wenn die Donau Niedrigwasser hat.

Wer hier den Kanal verlassen will, dem bietet sich als Weiterweg ins Altmühltal der schon mehrfach erwähnte Radweg Nürnberg — Rothsee — Altmühltal an. Er trifft bei Kinding auf den Altmühltalweg A (siehe folgende Kapitel).

Auf der Bergseite der Schleuse Hilpoltstein ist die 16,5 Kilometer lange Scheitelhaltung des Main-Donau-Kanals in 406 Metern Höhe über NN erreicht. Die Begleitwege des Kanals verlaufen bis zur Schleuse Bachhaupten fast völlig eben. Den landschaftlichen Reiz dieser Strecke verstärken zahlreiche Feuchtbiotope, die im Zuge des Kanalbaus angelegt wurden.

Rund einen Kilometer östlich der Schleuse Hilpoltstein überquert die Autobahn A 9 Nürnberg — München den Kanal, kurz darauf die Straßenbrücke Bischofsholz — Pierheim. In diesem Bereich verläuft der Kanal in einem Einschnitt. Etwa bei Kanalkilometer 102/103 liegt die geographische **Wasserscheide** zwischen den Einzugsgebieten von Rhein und Donau. Hier wurde auch das „Kanaldenkmal" errichtet: Ein Granitkeil, der am Südufer 14 Meter hoch aufragt und sich dann rund 140 Meter nach Süden hinzieht. Am gegenüberliegenden Kanalufer findet diese Linie weitaus niedriger und kürzer ihre Fortsetzung.

Vom Kanal nach Osten zu bietet sich ein reizvoller Ausblick auf die Landschaft südlich von Neumarkt i. d. OPf. mit bewaldeten Höhen wie dem landschaftsbestimmenden Block der **Sulzbürg** mit ihren vier Kuppen. Der gleichnamige Ort war einst Sitz eines Grafengeschlechtes.

Der Kanal hat nun die Grenze zum Regierungsbezirk Oberpfalz passiert; die Wälder zu beiden Seiten treten zurück. Nördlich des Kanals liegt die Einöde **Rumleshof**. Die Kuppel, die man über den Feldern erkennt, gehört zur außerhalb von **Freystadt** gelegenen Wallfahrtskirche Maria Hilf. Der barocke Zentralbau italienscher Prägung — mit Fresken der Gebrüder Asam — entstand zu Beginn des 18. Jahrhunderts. Die nächste Straßenbrücke verbindet Hilpoltstein mit dem drei Kilometer entfernten Freystadt.

Nürnberg — Röthenbach bei Schweinau bis Freystadt
40 km
ab Freystadt Bus 601 nach Nürnberg

In einem Düker unterquert der Hardtgraben von Norden kommend den Kanal; sein Wasser fließt dem Schwarzen Meer zu. Im Süden ist der Albrand zu erkennen; doch bereits hier besteht das Umland des Kanals aus Mergelschichten des Schwarzjuras. Die Dächer des **Rabenhofs** ragen nur wenig über den südlichen Damm. Der Kanal führt nun über die **Schwarzach**, die am Südhang des Dillberges entspringt und bei Kinding in die Altmühl mündet. Es folgt die Straßenbrücke Ohausen — Forchheim. Die nächste Brücke — rund 1,5 Kilometer weiter östlich — gehört zum Ort **Sulzkirchen** am Nordufer. Weithin sichtbar ist der Turm der evangelischen Kirche.
Östlich von Sulzkirchen beginnt der tiefste Einschnitt der gesamten Kanalstrecke. Die Böschungen sind bis zu 20 Meter hoch. 3,5 Kilometer weiter, bei der Straßenbrücke Sulzkirchen — Erasbach, verläuft der Kanal wieder nahezu auf gleicher Ebene wie die Umgebung. Die Sulzbürg liegt im Norden des Kanals. Die siebente Straßenbrücke im Bereich der Scheitelhaltung verbindet Körnersdorf mit Bachhausen.
Der Kanal ändert nun in einem weiten Bogen seine bisherige West-Ost- in eine Nord-Süd-Richtung. Vor der Brücke Mühlhausen — Bachhausen liegt am Kanal-Nordufer die Lände Neumarkt. In einem kleinen Waldgebiet ist dann die **Schleuse Bachhausen** erreicht. Ihre Hubhöhe beträgt 17 Meter.
Die nun folgende Strecke von der Schleuse Bachhausen bis zur Schleuse Dietfurt durch das Sulztal und das Ottmaringer Tal war der letzte Bauabschnitt des gesamten Kanals. Er wurde im Sommer 1992 geflutet. Die Uferbegleitwege sind seit Frühjahr 1993 fertig. Für die Radler freigegeben ist bis zur Schleuse Berching östliche (linke) Weg, von dort bis Beilngries der am

anderen Ufer. Ab Beilngries folgen Radwanderer dem Altmühltalweg A (siehe dort).

Noch im Bau ist der **Dürrlohspeicher** östlich der Schleuse Bachhausen. Er dient als Vorratsbecken der Schleusen auf der Nordrampe des Kanals. Nach seiner Fertigstellung wird er 2,5 Millionen Kubikmeter Wasser fassen, das von der Donau von Haltung zu Haltung heraufgepumpt wird. In der Form wird er einem Eifelmaar vergleichbar sein. Als Badesee kann er wegen des wechselnden Wasserstandes nicht benutzt werden.

Unterhalb der Schleuse Bachhausen wendet sich der Kanal in einem weiten Bogen nach Süden. Bis zur 7,8 Kilometer entfernten Schleuse Berching südlich der gleichnamigen Stadt wurde die Wasserstraße am Westhang des **Sulztals** gebaut; das schmale Flüßchen verläuft östlich davon im Talgrund. Auf dem Weiterweg liegt die **Grubmühle** östlich und **Sollngriesbach** westlich des Kanals. Die St.-Nikolaus-Kirche besitzt an einem Seitenaltar ein Holzrelief aus dem 16. Jahrhundert (Beweinung Christi).

Kurz darauf ist der kleine Berchinger Sportboothafen und die nördliche Straßenbrücke erreicht. Dahinter liegt die Lände von **Berching** an der schmucken Uferpromenade längs der Stadtmauer. Vor dem Gredinger Tor überquert ein eleganter Fußgängersteg, der an einem Stahlmast hängt, den Kanal. Das mauerumgürtete Berching gilt als eine der schönsten Städte der Oberpfalz. Die gesamte Altstadt steht unter Denkmalschutz. Südlich der Stadt wurde noch eine große Straßenbrücke über den Kanal gebaut. Zwei Kilometer weiter talabwärts befindet sich die Schleuse Berching. Sie hat wie die benachbarten Schleusen Bachhausen und Dietfurt eine Hubhöhe von 17 Metern.

Nürnberg–Röthenbach bei Schweinau bis Berching 52 km

Rückweg in Höhe von Pollanten zum Ludwigskanal und nach Neumarkt (16 km) oder weiter am neuen Kanal Richtung Altmühltal;

Rückfahrt mit dem Personenschiff nach Nürnberg vom 1. Mai bis Mitte September samstags und sonntags nachmittags möglich (Voranmeldung nötig, Tel. 0911674775 oder 2925398). Mit dem Schiff auch Weiterfahrt Richtung Riedenburg möglich (vom 1. Mai bis 10. Oktober mittwochs, freitags, sonn- und feiertags). Einzelne Fahrräder werden befördert, Gruppen nach Voranmeldung (Tel. 09441/3402, auch Fahrplanauskünfte). Die Schiffsanlegestellen werden vom 1. Mai bis 31. Oktober auch von einer Buslinie zwischen Berching und Kelheim bedient (außer montags).

Das Sulztal zwischen Berching und Beilngries und das Ottmaringer Tal bis Dietfurt sind geprägt vom neuen Main-Donau-Kanal. Von reizvoller Gestaltung sind viele Brückenbauwerke am neuen Kanal, so auch die Stahlbrücke bei der Eglasmühle. Von hier aus wird das Tal enger und die Sulz in den Kanal geleitet. Die mächtige doppeltürmige Klosterkirche der Benediktinerabtei **Plankstetten** kommt nun ins Blickfeld. Die Klosteranlage ist einen Besuch wert; die Kirche aus dem 12. Jahrhundert wurde im 17. Jahrhundert umgestaltet. Vorbei an Biberbach ist bald die **Gösselthalmühle** erreicht. Das restaurierte Anwesen enthält neben der Kanalbauleitung auch ein Informationszentrum über den Kanal. Ab Plankstetten ist unmittelbar östlich der B 299 die Trasse des Ludwigskanals zu erkennen, der hier verlandet ist.
Kurz vor **Beilngries** verlassen der alte und der neue Kanal das Sulztal und biegen nach Osten ins Ottmaringer Tal ab. Der alte Beilngrieser Hafen befand sich an dieser Stelle wie auch die Schleusen 22 und 21. Am neuen Kanal ist hier kurz vor einer mächtigen Straßenbrücke auf der Westseite des Kanals ein vorbildlicher Sportboothafen mit einer Gaststätte entstanden.
Beilngries, Staatlich anerkannter Erholungsort am Zusammenfluß von Sulz und Altmühl, zieht mit seinen Altstadthäusern, der weitgehend erhaltenen Wehrmauer und der bekannt guten Gastronomie viele Gäste an. Das Brauereimuseum im Felsenkeller-Labyrinth bietet samstags um 10.30 Uhr Führungen an.

Nürnberg – Röthenbach bei Schweinau bis Beilngries
60 km
Buslinien Richtung Neumarkt (8702) und Eichstätt (9232), Personenschiffahrt und Buslinie Richtung Kelheim (siehe Berching, S. 84)

Radfahrer nutzen ab Beilngries den Altmühltal-Radweg A südlich des Arzberges; zu Fuß kann man die Wanderwege 13 und 11 am Nordhang des Arzberges gehen. Ansonsten verlaufen die Wege am neuen Kanal entlang. Der Ludwigskanal hatte hier allein zehn Schleusen. Der neue Kanal mußte tief in den Talgrund gegraben werden, um eine weitere Schleuse zu vermeiden. Der beträchtliche Aushub wurde südwestlich von Ottmaring auf das Gelände aufgebracht. Einen Kilometer östlich von Ottmaring ist die Schleuse Dietfurt erreicht. Am Ostende des Ottmaringer Tals bei **Dietfurt-Töging** erreichen alter und neuer Kanal die Altmühl. Vom Ludwigskanal ist hier ein baumgesäumtes Teilstück mit Schleusenwärterhäuschen und Schleusentor erhalten. Fuß- und Radwanderer nutzen in die Stadt hinein den Altmühltalweg A, falls sie nicht am Kanal bleiben wollen. Dort müssen sie die linke (Ost-) Seite benutzen, denn nach einigen hundert Metern vereinigt sich der Kanal mit der Altmühl. Kurz vor dem Zusammenfluß nutzt ein kleines Wasserkraftwerk den Niveauunterschied von etwa vier Metern zwischen der Altmühl und der Wasserstraße aus. Wenig später gelangt man zur Lände Dietfurt.
Dietfurt an der Altmühl zählt zu den Staatlich anerkannten Erholungsorten in diesem Tal, die ihr mittelalterliches Erscheinungsbild mit Mauern und Türmen bewahrt haben.

Nürnberg – Röthenbach bei Schweinau bis Dietfurt 72 km bzw. von Neumarkt i. d. OPf. 40 km
Buslinien Richtung Neumarkt, Eichstätt und Kelheim (8712), Personenschiffahrt (siehe Berching, S. 84)

NATURPARK ALTMÜHLTAL UND KANAL IM ALTMÜHLTAL

Der Naturpark Altmühltal (Südliche Frankenalb) ist mit 3000 Quadratkilometern der größte unter den deutschen Naturparken. Im Südwesten bildet die imposante Schloßanlage über dem schwäbischen Harburg an der Wörnitz einen Eckpfeiler, im Nordwesten die weithin sichtbare Burg Spielberg am mittelfränkischen Hahnenkamm. Im Südosten trifft die Grenze des Naturparks am ehemaligen Römerkastell Abusina im niederbayerischen Eining auf die Donau und im Nordosten reicht der Naturpark bei Berching und Hemau weit in die Oberpfalz hinein. Viele Millionen DM wurden in diesem weiträumigen Erholungsgebiet für Park-, Rast-, Spiel-, Picknick- und Grillplätze, für Wander- und Radwege, Lehrpfade, Wildgatter, botanische Schutzgebiete und Maßnahmen der Landschaftspflege investiert. Für die Bundesrepublik einmalig in seiner Art ist das 1989 eröffnete Informationszentrum in der ehemaligen Klosterkirche Notre Dame in Eichstätt.

Achse dieses Naturparks ist das Altmühltal zwischen Gunzenhausen und Kelheim. Ihm folgt der mit A markierte Durchgangs-Wanderweg (ab Treuchtlingen) und ein Durchgangs-Radweg (ab Gunzenhausen).

Während im Nürnberger Umland und in der Fränkischen Schweiz meist die Wegmarkierungen des Fränkischen Albvereins mit farbigen Kreuz-, Strich- und Punktzeichen anzutreffen sind, hat der Naturpark Altmühltal sein eigenes Markierungssystem. Die Wanderwegezeichen sind gelb mit schwarzem Aufdruck und tragen das Emblem des Naturparks, den stilisierten Ammoniten über den Altmühlwellen; Durchgangs-Wanderwege haben zusätzlich Großbuchstaben, örtliche Rundwanderwege Ziffern. Braune Wegweiser gehören zum Radwegenetz des Naturparks. Von Beilngries bis Kelheim wird auch im Altmühltal auf den „Fünf-Flüsse-Radweg" hingewiesen.

Von **Kinding** aus (Anschluß vom Rothsee her) verläuft der Radweg nördlich der Altmühl, der Wanderweg im Süden. Beim Erholungsschwerpunkt **Kratzmühle** (Badesee, Bootfahren, Campingplatz, Feriendorf) wechselt der Radweg auf die rechte Seite des Flusses und führt zusammen mit dem Wanderweg nach zwei Kilometern nach **Beilngries**. Ab dem südlichen Ortsausgang halten sich Wander- und Radweg gemeinsam auf der rechten Seite der Talauen. An der Brücke in **Kottingwörth** (sehenswerte Kirche) trennen sie sich erneut. Der Radweg läuft über Dietfurt-**Töging**, der Wanderweg über Dietfurt-**Griesstetten** (Brücke über den Kanal) in die Stadt **Dietfurt** hinein. Der Staatlich anerkannte Erholungsort hat sein spätmittelalterliches Bild mit dem Mauerring, sechs von ehemals 13 Türmen und vielen flachgiebeligen Altmühlhäusern fast unberührt erhalten. Das breite, repräsentative Rathaus prägt den baierischen Straßenmarkt.

Der Radweg verläßt den Fluß und umrundet den Wolfsberg, während der Wanderweg im Tal bleibt. Hinter Dietfurt-**Mühlbach** treffen die Radler wieder auf das Altmühltal. Der Weg folgt dem linken Ufer zunächst bis Meihern, das von der Ruine Flügelsberg überragt wird, und weiter bis Gundlfing. Dort oder an der Schleuse Riedenburg wechselt man auf die südliche Talseite und fährt nach Riedenburg hinein.

Unterhalb von Meihern hat man bald Schloß **Eggersberg** oberhalb des rechten Talhanges im Blick. Bei Haidhof liegt die Staustufe **Riedenburg** des Main-Donau-Kanals mit einer 8,4 Meter hohen Schleuse.

Die Stadt selbst ist Staatlich anerkannter Erholungsort und wird überragt von zwei Burgruinen und der Rosenburg mit dem Jagdfalkenhof (im Sommer täglich geöffnet, Flugvorführungen von Greifvögeln außer montags jeweils um 15 Uhr). Auch ein Kristallmuseum mit der größten Bergkristall-Gruppe der Welt ist in Riedenburg zu besichtigen. Der Kanal hat das Aussehen des Städtchens stark verändert: Brückenbauten wurden ersetzt; es entstand eine attraktive Uferbebauung im Bereich der Lände sowie an der Schambachmündung ein Park mit Wasserläufen.

Zu Fuß und mit dem Rad trennen sich unterhalb von Riedenburg die Wege: Die Radler nehmen entweder den ausgeschilderten Weg direkt am Kanal oder auf der linken Talseite weiter oben den „alten" Radweg durch **Prunn**, überragt von der gleichnamigen Burg auf einem 70 Meter hohen Felsen, durch

Die längste Holzbrücke Europas bei Essing

Das untere Altmühltal mit dem neuen Kanal

den alten Markt **Essing** unterhalb der Ruine Randeck, vorbei an der Tropfsteinhöhle Schulerloch zur Staustufe Kelheim bei **Gronsdorf** mit einer Schleuse in der gleichen Größe wie bei Riedenburg.

Den Wanderweg am südlichen Talhang begleitet das Natur-schutzgebiet Klamm-Kastlhäng — erschlossen vom Rundweg 14 — bis zu den Altmühl-Altwassern beim Kastlhof. In den Höhlen an diesem Hang über dem Fluß suchten Menschen seit der Steinzeit Unterschlupf.

Vor Essing überquert ein Fußgängersteg — die längste Holz-brücke Europas — die Altmühl. Hier besteht auch Anschluß zu einem Radweg nach Süden durch den Hienheimer Forst ins Riedenburger Schambachtal, der eine Rad-Rundwanderung in diesem Bereich ermöglicht. Über die nächste Brücke verläuft die Straße von Altessing nach Hienheim. Der Fußweg bleibt weiter auf der Südseite des Flusses. Gut zwei Kilometer unter-halb der Straßenbrücke trifft er auf einen Wall, Überrest der äu-ßeren Stadtmauer des keltischen Oppidums auf dem Michels-berg. Diesem Wall kann man auch auf dem mit 16 markierten Weg folgen und gelangt an die Donau gegenüber Kloster **Weltenburg** (Personenfähre). Der Weg 18 verläuft oberhalb des Donaudurchbruchs und dann am Ufer nach Kelheim (vom Alt-mühltalweg ca. 6,5 km, auch Schiffahrt ab Kloster Weltenburg möglich).

Der Altmühltalweg A hält sich auf seinem letzten Abschnitt an den Waldrand unterhalb des Michelsberges, den die Befrei-ungshalle krönt. In **Kelheim** überquert man den Hafenbereich des ehemaligen Ludwigskanals und gelangt dann in die Stadt-mitte bzw. zur Donau- oder zur Altmühllände.

Kelheim ist eine planmäßig im 13. Jahrhundert angelegte Resi-denzstadt der Wittelsbacher. Mauern, Tore und Türme sind teil-weise erhalten. Kelheims Ursprung liegt jedoch bereits in der Keltenzeit, nachdem die Umgebung in allen vorhergehenden Epochen besiedelt war. Auch die Römer ließen sich hier nieder. Die Geschichte der Stadt und des Umlandes ist im Archäologi-schen Museum, untergebracht im ehemaligen Herzogkasten, anhand bedeutender Funde erläutert (geöffnet im Sommerhalbjahr täglich außer montags). Täglich geöffnet — abgesehen von einigen Feiertagen — ist die Befreiungshalle auf dem Michelsberg. Das Benediktinerkloster Weltenburg zählt zu den ältesten Bayerns. Die Kirche aus dem 18. Jahrhundert, erbaut und ausgestattet von den Brüdern Asam, kann ebenfalls täglich besucht werden.

Kinding—Kelheim 52 km, Dietfurt—Kelheim 31 km;
von Kelheim ist der Bahnhof in Saal rund vier Kilometer entfernt (Busverbindung). Züge fahren in Richtung Ingolstadt und Regensburg (Strecke 992), jeweils mit Anschluß an Züge Richtung Nürnberg. Personenschiffahrt auf dem Kanal siehe Berching (S. 84)

Zum Altmühltalweg A sind in der Reihe der Gelben Taschenbuchführer die Titel „Wandern an der Altmühl" und „Radwandern an der Altmühl" erschienen; sie beschreiben die Wege im gesamten Bereich des Naturparks Altmühltal und des Fränkischen Seenlandes.

Die Befreiungshalle bei Kelheim

RADWANDERWEGE IN DAS FRÄNKISCHE SEENLAND

Radweg Nürnberg—Rothsee—Altmühltal, 58 km, davon ca. 20 km am Main-Donau-Kanal

Ausgangspunkt ist der Parkplatz in **Neukatzwang** am Kanal (es kann auch die Schleuse Eibach gewählt werden, 3 km weiter). Am Kanal entlang wie oben beschrieben. Ab Straße Hilpoltstein—Allersberg entweder direkt nach Süden über **Hilpoltstein** und weiter nach **Solar** oder bis zur Schleuse Hilpoltstein am Kanal entlang und dann nach Solar. Der ausgeschilderte Radweg in das Altmühltal führt nun bergauf über Eibach, Patersholz, Löffelhof, wieder etwas bergab nach Pyras und von Eysölden steil hinauf nach Stauf. Ebenso stark ist das Gefälle hinunter nach **Thalmässing**. Im ehemaligen Rathaus ist das vor- und frühgeschichtliche Museum eingerichtet, das Ausgangspunkt für einen 15 Kilometer langen archäologischen Rundweg ist. Die meisten der 11 Stationen sind per Rad zu erreichen.

Im Thalachtal geht es weiter nach Südosten über Klein- und Großhöbing und im Schwarzachtal unter der A 9 hindurch nach **Greding**. „Stadt der 21 Türme" nennt sich die mauerumgürtete Stadt. Sie kann mit zahlreichen Sehenswürdigkeiten aufwarten wie mit der Kirche St. Martin — größter romanischer Bau im Hochstift Eichstätt — und dem benachbarten Karner (Beinhaus). Das prähistorische Museum „Natur und Mensch" am Marktplatz ist von Ostern bis Spätherbst samstags und sonntags 14 bis 17 Uhr geöffnet, sonst nach Vereinbarung (Tel. 08463/1731).

Mit der Autobahn und der Schwarzach führt der Radweg in weiten Bögen nach **Enkering** im Anlautertal. Er umrundet schließlich den Schellenberg und trifft bei **Kinding** auf die Altmühl. Hier beherrscht die ummauerte Wehrkirche das Ortsbild.

Rückfahrtmöglichkeiten mit der Bahn ab Eichstätt-Stadt, flußaufwärts, 24 km oder Kelheim-Saal, flußabwärts, 22 km (siehe Altmühltalweg A). Für Wanderer verkehrt wochentags die Buslinie 9232 Beilngries—Eichstätt.

Ab Thalmässing führt der Radwanderweg **Thalachtal — Brombachsee** mit einigen Steigungen über Heideck und Röttenbach zum Damm der Hauptsperre und weiter über Enderndorf zur Igelsbach-Vorsperre (27 bzw. 33 km). Mit dem nachfolgend beschriebenen Weg kann man nach Rednitzhembach zurückkehren und dort am Main-Donau-Kanal entlang bis Nürnberg.

Radweg Reichswald — Brombachsee, 45 km

Ausgangspunkt ist der Parkplatz am Friedhof in **Röthenbach bei St. Wolfgang**; von Nürnberg am Ludwig-Donau-Main-Kanal bis dorthin sind es 11 km, von Langwasser aus 5,5 km (siehe Kapitel Ludwig-Donau-Main-Kanal).
Durch **Wendelstein** und Sorg verläuft der Weg im Schwarzachtal, verläßt es im Bogen nach Süden und Südwesten und quert bei **Rednitzhembach** den Main-Donau-Kanal (Rückweg nach Nürnberg bzw. Anschluß nach Süden hier möglich). Weiter folgt der Weg zwei Bachtälern und steigt am Osthang des Heidenbergs hinauf (Wildgehege, Rundwege). Über die Aurach geht es hinauf nach **Abenberg**. Die Stadt, bekrönt von einer tausendjährigen Burg, hat die heilige Stilla zur Patronin. In der Kirche des Klosters Marienburg fand sie ihr Grab. Die Altstadt mit der Pfarrkirche und dem Rathaus mit dem Klöppelmuseum ist einen Besuch wert. Anschließend fährt man nach Süden über Obersteinbach und Mosbach. Mit den Wegen 17 und 18 wird in westlicher Richtung **Spalt** erreicht. Die Stadt bildete für Jahrhunderte eine eichstättische Enklave im markgräflichen Land. Hohe fränkische Fachwerkhäuser mit steilen Dächern zum Hopfendarren prägen den Stadtkern. Eine starke Steigung ist bis **Großweingarten** zu bewältigen, dann geht es hinunter nach Enderndorf. Am Straßendamm zwischen Igelsbach-Vorsperre und **Brombach**-Hauptsperre endet der Weg.

Rückfahrt mit der Bahn: Die nächste Bahnstation an der Hauptstrecke Nürnberg — Treuchtlingen (Strecke R 6 bzw. 910) ist Pleinfeld (Radweg 27/2 über Langlau, dann nach

Osten, 15 km). Von Langlau aus (5 km) gibt es wochentags Bahnverbindungen mit Pleinfeld (Strecke R 62, samstags, sonn- und feiertags nur Busverkehr, Linie 8800).

Radweg Rothsee—Brombachsee, 37 km

Ausgangspunkt ist der Parkplatz am Alten Bahnhof **Allersberg**; oder über Ludwigs-Donau-Main-Kanal von Nürnberg bis Röthenbach bei St. Wolfgang und den Radwanderweg Ludwigskanal—Rothsee (Nürnberg—Birkach rund 32 km). Von Allersberg mit seinem reizvollen Ortsbild, dem von Gabriel de Gabrieli mitgestalteten Marktplatz und den Zeugnissen leonischer Industrie geht es nach Westen und über die A 9. Nach einem Kilometer ist das Gebiet der Talsperre Kleine Roth erreicht. Hier hält sich der Radweg an die östliche Seeseite. Westlich von Heuberg quert man an der Schleuse Eckersmühlen den Main-Donau-Kanal (Rückweg nach Nürnberg oder Anschluß ins Altmühltal möglich). Ab **Eckersmühlen** hat man die Wahl zwischen dem Zweig im Norden über **Roth** oder dem im Süden über Wallesau (Campingplatz). In Roth ist vor allem das vierflügelige Schloß Ratibor sehenswert (Museum, Gaststätte). Bei **Georgensgmünd**-Petersgmünd im Rednitztal treffen sich die Wege wieder. Westlich von Georgensgmünd (St.-Georgs-Kirche, Wasserrad an der Rednitz, jüdischer Friedhof, Synagoge) steigt der Radweg nach Mosbach hinauf, dann nach Süden hinunter ins Tal der Fränkischen Rezat, wieder hinauf nach **Großweingarten** und über Kaltenbrunn hinab nach Enderndorf.

Rückfahrtmöglichkeiten siehe Radweg Reichswald—Brombachsee.

Neben dem Weg Ludwigskanal—Rothsee gibt es eine Verbindung Rothsee—Roth—Abenberg und weiter zum Altmühlsee bei Gunzenhausen. Er führt über Dürrenmungenau, Wassermungenau, Mitteleschenbach und durch den Haundorfer Wald nach Muhr am See. Damit lassen sich dann im Süden von Nürnberg viele „große" Rad-Rundtouren unter Einbeziehung der Wege am alten und am neuen Kanal zusammenstellen.

Auch für Wanderer ist der Rothsee reizvoll: Ebenfalls ab Allersberg verbindet ein Weg den Rundweg 4 mit dem Rundweg 1 um die Vorsperre des Rothsees. An ihn schließt sich beim Zwischendamm der Rundweg 2 an. So kann man in etwa acht Kilometern auf der Süd- oder auf der Nordseite des Sees nach Eckersmühlen bzw. zur gleichnamigen Schleuse gelangen. (Nach Allersberg von der U 1, Bahnhof Frankenstraße, mit der Buslinie 651 oder von der Bahnlinie R 6 ab Roth mit Bus 604, Rückweg von Eckersmühlen mit R 61 bzw. samstags, sonn- und feiertags mit dem Bus zum Bahnhof Roth).

„Fünf-Flüsse-Radweg" und „Tour de Baroque"

Der **„Fünf-Flüsse-Radweg"** ist ein Rundweg von 311 Kilometern Länge. Er benutzt das Pegnitztal nordöstlich von Nürnberg bis Hersbruck-Happurg, führt dann nach Sulzbach-Rosenberg und Amberg, verläuft ab hier im Tal der Vils, die in Kallmünz in die Naab mündet. Mit ihr zusammen geht es nach Südosten bis Regensburg an der Donau. Sie wird flußaufwärts bis Kelheim begleitet, dann folgt der Radweg dem Main-Donau-Kanal im Altmühltal bis Beilngries und weiter, zunächst im Sulztal, bis nahe Freystadt. Von dort wechselt der Radweg nach Neumarkt i. d. OPf. zum Ludwigskanal, der ihn zurück nach Nürnberg leitet. Hinweise auf diesen Radweg finden sich auf den hier beschriebenen Routen zwischen Nürnberg und Neumarkt i. d. OPf. am alten Kanal sowie am Main-Donau-Kanal zwischen Beilngries und Kelheim. Über diesen Rundweg gibt es einen Führer aus dem Verlag J. Fink-Kümmerly + Frey. Die **„Tour de Baroque"** ist ein Radweg von rund 300 Kilometern Länge von Neumarkt i. d. OPf. nach Passau. Zwischen der Scheitelhaltung und Kelheim verläuft er entlang des Main-Donau-Kanals. Eine Karte über die „Tour de Baroque" ist im RV-Verlag erschienen.

VERLAG wek
Walter E. Keller
Treuchtlingen

Unsere Taschenbuchführer aus der Gelben Reihe:
Wandern an der Altmühl, Lehrpfad-Wanderungen, Boot-
wandern auf der Altmühl, Radwandern an der Altmühl,
(Rad-)Wandern am Kanal, Die Römer am Limes, Die Rö-
mer an der Donau, Naturpark Altmühltal für Naturfreunde,
Der Karlsgraben, Naturpark Altmühltal, Ferienlandschaft
Hahnenkamm; Römische Therme Weißenburg, Kastell
Weißenburg, Archäologische Wanderungen, Kirchen in
Altmühlfranken, Die Geologie Altmühlfrankens, Der Renn-
steig, Das Ries, Die Kelten in Bayern

Unsere Taschenbücher aus der Weißen Reihe:
Erzählungen aus dem Altmühlthale, Fränkische LiteraTou-
ren, Rennsteig-MiniaTouren, Du Nachbar Gott

die Bilderbücher für groß und klein:
Fossi — der kleine grüne Saurier im Naturpark Altmühltal,
Witzlige Geschichten, Pacharo

. . . und unsere großen Titel:
Die Altmühl, Altmühltaler Geschichten, Naturpark Altmühltal, Schönes Weißenburg, Der Karlsgraben und das
Treuchtlinger Land, An der Mühlstraße, Eine Wallfahrt
nach Maria Brünnlein, Treppen zwischen Tauber, Rezat
und Altmühl, Der Hahnenkamm in Franken, Im Dorf
daheim, Fränkisches Seenland, Die Erde dürstet, Herr,
nach dir, . . .Doch flieg ich wie ein Vogel

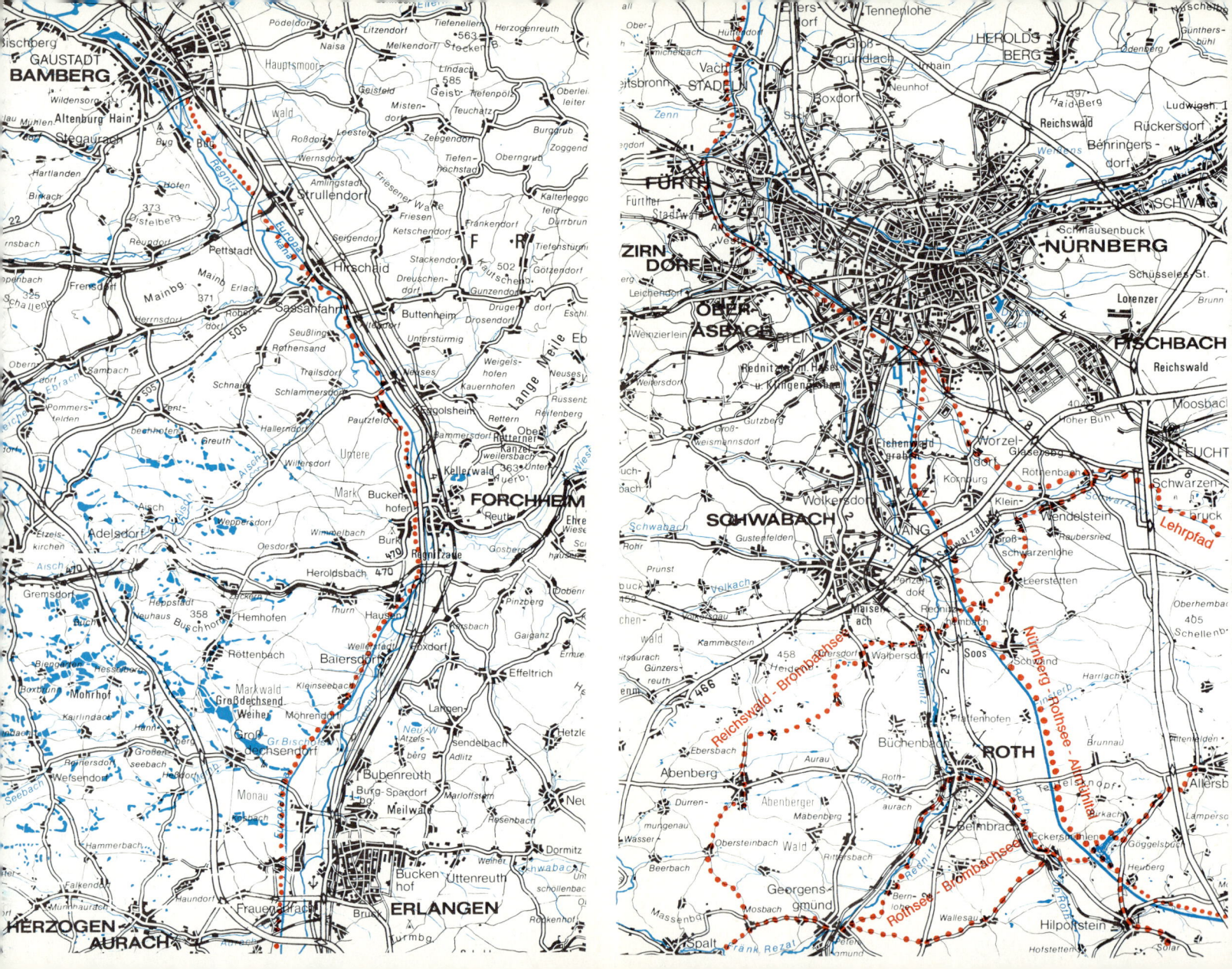

Lothar Schnabel   Walter E. Keller

(RAD-)WANDERN

am »Kanal« zwischen Bamberg und Kelheim

- Besteckkarte -

(Kartengrundlage Verlag Beron)

Maßstab 1 : 250 000

0   10 km